U0925298

CHINA LAW EDUCATION RESEARCH

教育部高等学校法学类专业教学指导委员会
中国政法大学法学教育研究与评估中心 主办

中国法学教育研究
2015. 第2辑

主　　编：黄　进
执行主编：曹义孙
副 主 编：李树忠

中国政法大学出版社
2015・北京

图书在版编目（CIP）数据

中国法学教育研究. 2015. 第2辑/黄进主编. —北京:中国政法大学出版社，2015.5
ISBN 978-7-5620-6060-4

Ⅰ.①中… Ⅱ.①黄… Ⅲ.①法学教育－中国－文集 Ⅳ.①D92-4

中国版本图书馆CIP数据核字(2015)第099951号

出 版 者　中国政法大学出版社
地　　址　北京市海淀区西土城路25号
邮寄地址　北京100088信箱8034分箱　邮编100088
网　　址　http://www.cuplpress.com（网络实名：中国政法大学出版社）
电　　话　010-58908524（编辑部）58908334（邮购部）
承　　印　固安华明印业有限公司
开　　本　650mm×960mm　1/16
印　　张　12.25
字　　数　160千字
版　　次　2015年5月第1版
印　　次　2015年5月第1次印刷
定　　价　29.00元

目 录

CONTENTS

百花园

目 录

CONTENTS

Forum of Teaching Committee Members

Legal Education

Curriculum and Teaching

Spring Garden

委员论坛

FORUM OF TEACHING COMMITTEE MEMBERS

关于中国法学教育改革的几点认识

◎ 葛洪义*

中国法学教育的现状不能令人满意，必须进行改革。在这个问题上，或许法学教育界是可以形成共识的。同时，2014 年 10 月下旬召开的中共中央十八届四中全会，也通过《决定》的形式，对创新法治人才培养机制提出了要求，如要求完善理论体系、学科体系、课程体系等，肯定并要求健全政法部门和法学院校人员的双向交流机制。因此，目前是改革法学教育的一次重要机遇。

争议之处在于，如何进行改革？改什么？在目前情况下，对哪些法学教育环节进行改革，条件相对比较成熟？怎么改，从哪里入手？在这些问题上，法学教育界的思想一直不统一。本文拟就此谈些自己的看法，求教

* 浙江大学光华法学院教授，中国法理学研究会副会长、教育部法学教学指导委员会委员、教育部卓越法律人才教育培养计划专家委员会委员、广东省法学类专业教学指导委员会主任委员、广东省法学会副会长、浙江大学光华法学院光华特聘教授、浙江大学中国地方治理与法治发展研究中心主任、华南理工大学广东地方法制研究中心主任，2004 年 7 月—2013 年 2 月曾任华南理工大学法学院、知识产权学院院长。

于各位。

一

我国的法学教育迫切需要进行一次全面的重大的改革，而不是修修补补、零敲碎打式的改革。原因在于：

首先，我国法学教育的基本架构从 20 世纪 70 年代末形成之后，由于各种原因，包括条件不成熟，就没有进行过重大改革。而法学教育的背景已经发生了根本变化。法学教育办学背景的深刻变化，必然要求对法学教育本身进行改革。

“文革”结束以后，法学教育得以恢复重建，重建工作整体上看是适应了当时的法治发展与建设需要的。当时的情况是，在法学教育的指导思想方面，以阶级斗争为纲的极左思想没有完全清除，公平正义、人权保护都还被视为资产阶级的口号；法学教育所培养的对象——未来的法律工作者被视为专政队伍，对政治素质的强调远远超过了对法律专业素养的要求；在教学内容方面，我国甚至没有几部法律，课堂教学基于苏联的法学体系以讲授相关的法学原理为主；师资严重匮乏，本科生任教比比皆是，现学现教；对西方国家先进的法学教育理念和模式的了解，限于两大法系的笼统知识，也可以说几无所知。在这个背景下所创建的法学教育体制机制，按理说，具有明显的暂时性和过渡性。遗憾的是，对此，一直没有机会进行认真的反思和改造。

法律工作现在属于专业技术工作，法律工作者已经被确认为法律职业者，他们必须应对现实中复杂的法律问题，事实上，法律问题也是非常复杂和充满争议的。而我们的课堂教学，仍然以讲授关于法律的正确答案而不是以揭示法律问题的复杂性为主，始终没有脱离教条式的教学方式；我们现在已经有了近三百件法律，而且由于我国立法体系的多元性和国家体制的复杂性，许多部门和地方都有权制定具有约束力的法规和规范性法律文件，我们的课程体系依然是以若干门主干课程为中心；我们从 20 世纪末开始讨论法律方法与法律思维，中央文件甚至都已经肯定了法治思维与法治方式，而我们的法学教育体系，依然没有把法治能力，包括法律方法与法律思维，容纳在内；我们的教师几乎都是从学校到学校，绝大多数没有法律实际工作的经验，怀抱着书本知识，尤其是从书本中学到的一知半解的西方国家法律知识，走上讲坛，成为教授；我们建立了专科、本科、硕士（法学硕士、法本法律硕士、非法本法律硕士）、博士等各种层次的法律人才培养体制，却没有一个清晰的、可操作的、针对不同层次法律人才的培养方案；我们的学生依旧依靠，甚至更加依靠指定的唯一的教科书学习法律，辅助读物完全没有进入考试范围；法学专业已经从文科生最瞩目的热门专业蜕变成不那么热门甚至在有些学校必须依靠调剂生源的专业。很显然，法学教育与我们所面临的法治发展的时代是脱节的，至少联系很不紧密。想象一下，一批没有实践经验的教师，在课堂上，拿着同样的书，讲授何谓正确的法律知识的场景，就知道，这场改革恐怕早晚都要进行。

其次，我国的法学教育所需要的是一次全面的重大的改革。所谓重大，是指需要结合法律职业的需要，根据法律实践的要求，认真反思法律人才培养模式。我国法学教育的根本问题就是与法治实践相脱节，这个问题必须解决。所谓全面，则是指法学教育改革需要对各个层次的法律人才，从培养目标、培养方式、教学体系、教学内容、教学方法、课程体系、教学环节、考试考核、师资队伍以及相关的体制机制等方面进行一次全面的讨论和研究，根据现状，尽可能推动一次全方位的改革。

目前，法学教育改革的条件相对比较成熟，完全有可能推动这样一场改革。一方面，中央做出了全面推进依法治国的战略决策，已经明确提出法治人才培养机制的创新问题，而且认可了法律职业化的发展方向，这是一个难得的机遇；另一方面，经过三十多年的探索，我国已经积累了丰富的法治实践经验，也对法学教育进行了多次局部改革，同样取得了丰富的经验，完成了相应的理论积累。因此，需要抓住机遇，推动改革。

二

法学教育改革，不是为了打破一个旧的单一僵化模式，建立一个新的单一模式，而是建立一个面向现实的、开放的法学教育体系。

过去的法学教育，是依赖书本形成的教条式的教学模式。从书本、法条释义中学习，根据书本、法条释义讲授，再根据书本、法条释义考试。法学教育改革，不是把此书本改为彼书本，而是面向实际进行改革。

面向实际的改革，首先需要改革法学教育的评价方式和标准，把自上而下由少数精英设计的所谓"科学"的评价转变为自下而上的法律人才的市场需求评价。也就是根据法律实践的需要，根据法律实务工作的要求，设计和检验培养方案。有人或许认为，我国法律实践水平不高，甚至存在许多违法的司法执法方式，过于强调实践，迁就现实，并不利于培养优秀法律人才。这种担忧尽管不无道理，但是却并不能解决所面临的问题。毕竟，法学是一门实践性的学科。回避实践，不是解决问题的办法和出路。

从法律的特征看，法律是一种实践理性，法律实践具有明显的专业性、地域性和区域性特征，在不同的地方、不同的领域、不同的工作层次，法律实践的样态和需求都是不同的，所需要的人才的知识结构与背景也会存在很大差异。人们之间交往方式的不同，决定了法律问题的表现形式和法律争议的解决方式也会有所不同。在北京、深圳、西安或拉萨，从事法律工作所需要的法律知识和能力侧重点肯定是不同的；中央国家机关、基层党政机关所需要的人才的知识侧重也会有所不同；不同行业之间更是如此。没有可能建立一个统一的教学模式，统一的教学模式也无法适应不同的法律实践的需要。

从不同学校的角度看，各个学校人才培养的层次不同，学校类型不同，所处地理位置不同，当地人才需求不同，师资结构不同，教学资源与条件也存在很大差异，用一个统一的标准衡量不同的学校，不仅不能促进教学水平的提高，相反，还会抑制各校因地制宜地改进人才培养模式，迫使各校之间展开恶性竞争，甚至发展到弄虚作假的地步。正确的做法，应该是鼓励各个学校，根据自身的实际情况，包括对所培养人才的市场需求的判断，决定自己的课程体系，探索相应的教学方式，选取教材和参考资料。由不同学校去尝试法学教育改革的具体模式，在目前教育体制允许的范围内，在不同地方教育主管部门的支持下，创新法治人才培养机制，或许可以走出一条具有中国特色的法治人才的培养道路。

教育领域，包括高等教育，亟待彻底打破高度集权的计划管理模式。在中央已经明确提出创新法治人才培养机制的要求下，法学教育领域完全可以、也必须先行先试，认真贯彻十八届四中全会的决定，将落实办学自主权作为改革的重要内容，同时也可以为教育领域全面深化改革积累经验。目前，全国已经有 640 多所高校开办了法学专业教育，在校生人数五年前就超过了 30 万，毕业生规模排在各专业的前 10 位，被公认为就业困难的专业之一。而早在 20 世纪 90 年代中后期，教育部就已经意识到了这个问题，将法学专业列为“国管”专业，即举办法学专业，必须经过教育部批准，各省没有审批权限。然而，事实上，教育部也控制不住，之后，法学专业的办学数量伴随着高校扩招又有了巨大的增长。如果举办法学专业的高校数量这个纯粹的行政问题，运用国家级的教育主管部门的行政手段都控制不住，遑论办学质量和特色。

提高办学质量，创新法治人才培养机制，必须将行政手段与市场机制结合起来，而且要以市场机制调节为主。要想做到这一点，就必须鼓励高校充分发挥办学自主权，调动高校创新法治人才培养机制的积极性，使高校无法继续躺在统一的办学模式上生存，而必须面向实际进行改革，从法治实践中寻找人才培养的出路。所谓顶层设计与摸着石头过河相结合，必须调动两个积极性。

学校之间的差别固然大，但是，不同的学校可以根据自身条件的不同，发挥自身优势，针对法律实践人才需求结构的不同情况，办出自身特色。能够满足任何层次人才需求的办学，都是好的、适当的。教育部一直希望推动地方院校举办应用型的大学专业，但由于教育资源分配体制没有改变，各个高校依然把提高办学层次作为衡量办学水平的主要标准，这种局面不改变，法学教育就很难有所作为。

三

从衡量人才的标准看，中国正在从重文凭的时代走向重能力的时代。法学教育改革，需要把法治能力的培养而非法律知识的传授摆放在法学教育的中心位置。

近年来，法学法律专业硕士、博士研究生报考人数似乎正在快速下降，2015 年研究生招生入学考试需要调剂生源的学校、专业、人数都有不同程度的扩大，导师们普遍感到优秀生源在快速减少。个中缘由，一般认为是十多年来法学法律硕士、博士研究生招生单位持续扩大的结果。不可否认，这有一定的联系。但是，这并不是唯一，甚至不是主要原因。根本原因依然在于法学教育与实践之间的脱节。2007 年，我在担任华南理工大学法学院院长期间，为了提高学生培养质量、推荐毕业生，我与法律实务部门的朋友多次进行交流。他们普遍感到现在的学生动手能力太差，优秀学生太少。为此，2007 年开始，我们曾经与广东合盛律师事务所、西南政法大学广东校友会合作，由广东合盛律师事务所出资 40 万，分三期，在华南理工大学法学院举办面向本科学生的实践性教学实验班，聘请法律实务部门、社会科学界的优秀专家和学者前来开课；大约相同时间，深圳一家富士康公司的子公司台湾籍法务总监，苦于找不到企业所需要的优秀法务人才，特别是能够在对外商务谈判中既熟悉法律、又熟悉知识产权与外语的人才，自带讲义，要求给我们的学生免费开课，以便他从中培养和提前发现企业所需人才。可见，不是社会不需要法律人才，而是我们的培养机制出了问题，满足不了市场需要。

现在，无论是本科生还是硕士生、博士生，总体上看，计划毕业后从事法律实务的学生占绝大多数，这当然也是正常的。任何一个国家，法科学生毕业后主要去向都是法律实务部门。问题在于，如果我们的法学教育不能满足学生从事法律实务的需要，如果不同层次的办学，不能满足不同层次的学习需要，学生为什么还要来高校学习呢？目前，即使不是所有学校，也是大多数学校，法科学生的学习积极性普遍不高（文科专业多数存在类似情况），逃课率比较高。很少有学生会自习专业课程，除了参加司法考试期间。很显然，许多学生来大学学习，并不是因为需要获得知识，而是需要这个法学学士、硕士、博士的文凭。许多学生考试前突击背一下，就可以取得合格以上的成绩。而且老师们通常也不愿意让学生不及格，以免麻烦。有的硕士论文，学生只用一个星期就搞定了。以至于有的学校考虑，反正学生不认真，或者干脆取消硕士论文。

多年来，我们都是以文凭判断人才的。文凭高，水平就高。而获得文凭的方式，就是通过以法律知识为主的考试。然而，时代变了。现在，除了国家机关和高校等少数事业单位，法律实务部门，包括律师事务所、企业法务部门和研究机构，都逐渐开始淡化文凭，开始以能力为标准考核录用人员。即使是在国家机关，经过短暂的一段依赖文凭选拔干部的时间之后，文凭也开始被淡化。加之中央开展了清理领导干部在职取得学位的工作，文凭的作用一定会削弱。况且，当办学单位不断增加，毕业生人数扩大，不再成为稀缺资源，一张文凭闯天下的时代也就一去不复返了。因此，适时地转向以能力培养为主的人才培养模式，总体上看，是一个趋势。

建立以法治能力培养为中心的人才培养机制，目前条件下，可以着重解决好以下问题：

首先，重置本科课程体系，扩大选修课。一所高校，办学水平如何，往往取决于其能够开设多少可供学生自主选择的选修课。不同的学校，根据自身情况的不同，开设不同的选修课，也就解决了办学特色问题。这也是学分制的根本要求。选修课的扩大，所需要的课时，可以从压缩必修课中获得。目前，法学专业总学分基本都在160学分上下，其中公共课约占50个学分，必修课（学科基础课和专业必修课）约占70个学分，选修课20个学分以内，实践教学环节20个学分左右（包括集中实习、毕业论文写作、军训、公益劳动等）。若公共课课时暂时无法调整，可以先行大幅度压缩主干核心课程，除了保留20个学分左右的必要的基础理论课程作为必修课，其他课程可以从必修课中去除。说点可能得罪人的话，例如刑法、民法、诉讼法、宪法、行政法等，均属于专业课程，目前列为主干课，不仅不利于教学和专业发展，相反，还限制了发展。这些课程，包含着丰富的内容，分别作为一门主干核心课程，但由于课时的限制，内容无法展开，达不到教学目的。如果作为选修课，可以细分为多门课程，总学分大幅度增加，供有兴趣的学生深化学习，无论对专业发展，还是对老师学生，效果都会更好。

其次，改革本科教学内容和教学方法，突出法律方法与法律思维的教学内容和教学环节。一方面，增加有关法律方法、法律职业素质培养的教学内容，如法律方法是欧美国家法学教育最普遍的基础课程，法律职业伦理是我国法律职业者的基本要求，这两门课程可以考虑列为必修课。另一方面，改革各部门法专业课的教学方法，加大学生课外阅读书目的考核要求，把大班上课与小班讨论相结合，提高学生分析和解决疑难问题的动手能力。大班上课重点解决疑难问题，其他内容由学生课外阅读解决，课外阅读的进度，由小班讨论督促，参加小班讨论的学生必须提交书面阅读报告。小班课由年轻教师与校外聘请的法律实务部门专家（例如来自双千计划的人员）共同指导。考试可采取开卷方式，以分析和解决问题为主。改革所需要的经费，随着学校教学经费的投入不断增加，应该是不成问题的。相信教育主管部门也可以从本科教学质量工程建设经费等专项经费中提供。

最后，做好本科、硕士、博士学习阶段的衔接工作。目前，除了论文要求的不同，各个层次的学生，在教学内容方面，并没有明显区别，完全取决于导师的责任心。实际上，这三个层次的学习是相互衔接的，其中，硕士阶段是关键。我们有关法学硕士与法律硕士的划分，是在我国特殊的法学教育历史背景下形成的，特别是所谓法本法硕与非法本法硕的划分。硕士阶段本来是下一阶段的准备阶段，选择从事实务工作的学生，可以在硕士阶段选择一些与自己将要从事的工作相关的课程进行学习，以方便自己快速进入工作状态。这也就是在美国许多法律工作者拥有多个硕士学位的原因，他们在每次转换工作岗位之前，都可以选择一个新的硕士学位学习，以熟悉新的岗位。从学校学院的角度看，也可以根据法律实践的需要，灵活设置相关专业方向的研究生课程，招收学生进行培养；选择从事学术研究的学生，也将在硕士阶段通过相关的课程学习，为博士研究生学习，打好基础；而导师则可以在学生硕士阶段充分考查学生是否具备从事博士阶段研究工作的能力。总之，我们需要在学士、硕士、博士的学业能力之间划出一条清晰的界线，不同阶段，应该具有不同的能力要求，使学习者可以通过学习，切实具备承担不同工作的能力。

以上三个问题的解决，涉及教育主管部门、学校、学院和教师、学生各个方面，也要求对各个教学环节进行改革。从目前情况看，如果认识是统一的，应该是可以做得到的。

综上所述，我国法学教育目前面临改革的大好时机，应该抓住历史机遇，促进法学教育完成面向法律实践、面向法治能力培养的多元化开放的办学方向的转变，形成高校之间办学能力的良性竞争，以适应我国法律职业发展的趋势，最大限度地提高法科学生在未来的工作能力和领导力。

法学教育

LEGAL EDUCATION

法律职业能力提升与法律诊所教育*

◎ 陈　伟　王昌立**

内容摘要：法律职业化已成为当代中国法学教育改革的方向，如何贯通法学理论与实践适用是当下法学教育必须面临的紧迫性问题。已有的案例教学法、模拟法庭等虽有法律职业化的倾向，但是，这些实践教学方式并没有从根本上改变我国传统法学教育“重理论、轻实践”的问题，也未能取得良好的教学效果。法律诊所教育在教育理念上更加注重学生的自主性、实践性，在提高执业技能、培养法律职业伦理方面具有明显优势。在推进法律职业化与卓越法律人才培养过程中，法律诊所教育为我们提供了一条可行的借鉴途径，应当积极汲取其合理内核并予以有效运用。

关键词：法律职业化；职业能力；应用型法律人才；实践教学方法；法律诊所

---

* 基金项目：西南政法大学2014年度重大教育教学研究项目“以职业能力提升为目标的教学方法改革研究”（2014A07）的阶段性研究成果；重庆市高等教育学会2013—2014年高等教育科学研究一般项目“法学学术型硕士研究生实务能力培养研究”（立项编号：CQGJ13C403）的研究成果。

** 陈伟，西南政法大学法学院教授，博士生导师，法学博士、博士后。王昌立，西南政法大学2014级法学硕士。

中国法学教育自1978年恢复以来取得了长足的发展。但是，近几年在法律人才的培养上，出现了法律毕业生就业率低、难以适应市场需求等问题。究其原因，在于我国传统法学教育偏向于通才教育，注重法学理论的传授，忽视法律职业能力的培养。然而，法学是以特定法律职业为背景的学科，应摒弃对法学教育是通才教育的定位，重塑其职业化的本质。基于此，笔者在教学过程中也在思考同样的问题：中国法学教育该何去何从？在职业化目标引导下的法学教育应当如何转变？

一、法律职业化在当代中国法学教育中的定位

自恢复法制建设以来，我国进入了“立法中心时代”，其特点是加强立法，制定部门齐全的法律体系。与此相适应，我国法学教育在恢复之初，也侧重于对法律知识的传授，注重法律概念、法律原理及知识体系的构建；同时，在司法领域，司法工作人员也无需具有法学背景，从而出现大量复转军人、后勤人员进入法院之怪现象。可以说，此阶段的法学教育更关注对法律知识的研究，并不以职业化为目标。随着法制建设的深入对专业性法律人才的需求日益增加，现有法律教育模式下培养的法律人并不能完全适应职业化的要求，具体表现为：法律技能缺乏、法律职业伦理不健全。为扭转这一尴尬局面，中国法学教育开始了旨在提升学生法律职业能力的不断探索。

（一）法律人才培养目标的不断调整

法学教育是通识教育还是职业化教育一直是法学界长期讨论的重大命题，法学教育的属性在一定程度上决定了法律人才培养目标的选择。“中国传统的法科教育理念借鉴苏俄经验，以通识教育为主；但自1992年确立市场经济取向的改革战略之后，不断增加法学教育的职业化因素。”[1] 法学教育发展到如今，呈现出通识教育与职业化教育并重的局面。在这一过程中，法律人才

〔1〕 朱景文主编：《中国人民大学中国法律发展报告2013：法学教育与研究》，中国人民大学出版社2014年版，第27页。

培养目标也经历了由素质化过渡到专业化，再向职业化的转变。

1981 年司法部召开的政法学院教育工作座谈会，把法学教育培养目标设定为“培养德、智、体全面发展的司法工作以及法学教育和理论研究人才”。它强调法律职业的专业化，旨在“构建法学这一传统技艺的职业属性，为构建法律知识的排他性创建良好的外部空间”〔1〕。1995 年全国法学教育工作会议提出，为了加快法学教育现代化，必须把法学教育的高层次办好，以社会需求为导向，培养能从事法律、行政管理、经济管理、工商管理、国际贸易等各项工作的高层次复合型、应用型、外向型的通用人才。〔2〕市场经济不仅改变了传统的社会分工模式，跨行业、跨领域的商业贸易使得社会分工日益复杂，极大地扩展了法律服务空间；而且改变了社会管理方式，法律取代行政命令成为治理社会的主要手段。总体来说，市场经济需要职业化的法律人才服务和管理社会。“经济全球化必然对作为上层建筑的法律产生革命性的冲击，因而法学教育也不可避免地要与法律这一变革保持同步发展，并按照全球化的坐标重新定位，以适应法律迅速变革带来的空前挑战。”〔3〕2011 年，教育部和中央政法委员会制定了《关于实施卓越法律人才教育培养计划的若干意见》，文件指出，要强化学生法律职业伦理教育，强化学生法律实务技能培养，促进法学教育与法律职业的深度衔接；卓越法律人才培养计划的重点是培养应用型、复合型法律职业人才。

（二）创新实践性法律教育模式

法学教育与市场的脱节使人们认识到法学教育不仅要“传道、授业、解惑”，更要进行法律职业教育，提升学生的法律职业能力。近几年，我国正逐步改变传统“经院式”课堂讲授模

〔1〕 曹义孙：《多面向的法治教育——法教育学论衡 1》，中国政法大学出版社 2012 年版，第 346 页。

〔2〕 朱景文主编：《中国人民大学中国法律发展报告 2013：法学教育与研究》，中国人民大学出版社 2014 年版，第 65 页。

〔3〕 舒扬：《中国法学 30 年》，中山大学出版社 2009 年版，第 453 页。

式，开始探索实践性法律教学方法。案例教学法注重法律知识的运用，使学生将已储备的法律知识与具体案件相结合，分析个案中的法律问题，提出解决方案。在这一过程中，学生提升了运用法律的能力，避免了法科学生对法条及背后法理了然于心，却不能独立分析案件的尴尬局面。模拟法庭则注重职业技能的培养，在法庭上，由学生充当法官、检察官、律师等角色，这不仅可以使学生切实地感受到审判流程，而且还能培养学生的证据出示、辩论、审判等职业技能。这些实践性教学方式试图将理论与实践相结合，并增强学生在法学教育中的主动性，提升学生运用法律的能力及其他职业技能。目前，最为流行的实践性教学模式当属法律诊所教育。“教学方法的变化并不仅仅是知识传授方法的变革，它其实更是法律知识类型的变革、研究方法的变革、法律思维方式的变革。”〔1〕一旦法学教育的职业属性被充分发掘，教学方法必然会以法律职业为导向进行实践性创新。

探究当代中国法学教育历程，不难看出，社会对法律职业的需求促进甚至决定了法学教育的恢复与发展；社会化分工及法律所具有的职业属性要求法律人才的专业化、职业化。法学教育作为培养法律人才的途径，必然要以法律职业化为导向。正如学者所说：“没有法律教育就没有法律职业，法律教育培养和提升了法律职业素养，法律职业也决定着法学教育的方向，并不断丰富法学教育的内容。”〔2〕

二、比较法视野下的法律职业教育

自清末“开眼看世界”以来，“中学为体、西学为用”的思想一直指导着国人向西方学习的脚步。法学教育不应固步自封，在自我创新教学方法的同时，也应借鉴吸收国外先进教学模式，为我所用。

---

〔1〕 苏力：《也许正在发生——转型中国的法学》，法律出版社2004年版，第7页。

〔2〕 霍宪丹：《当代法律人才培养模式研究（上卷）》，中国政法大学出版社2005年版，第13—14页。

（一）以法律诊所教育为特色的美国法律职业教育

在法律职业教育进程中，美国依次经历了“学徒式”、“案例教学法”、“法律诊所教育”三种教学模式。[1]法律诊所教育产生于20世纪60年代后期，它是在美国法律现实主义学者对案例教学法提出质疑的基础上应运而生的。他们认为，案例教学法固守已有且大多已成定论的案例，与实际脱离，学生只是在课堂上研习法律知识，分析法律问题，缺乏法律技能的锻炼。即使学生通过案例了解了处理案件的技巧，但是在独自处理真实案件时却不能进行有效的证据调查、会见、起草法律文书、辩论等实践性工作。正如中国古语所言，“纸上得来终觉浅，绝知此事要躬行”。于是他们提出“法学院的学生应该像医学院的学生一样，必须获得临床经验，法学院必须培养学生的法律实践能力而非仅仅灌输法律知识”[2]。由此，法律诊所教育诞生。

法律诊所教育借鉴医学院学生到诊所实习的教育模式，是“在律师或法学教师监督下，在学生从事实际办案的过程中，培训学生处理人际关系的技能及职业伦理观念的一种法学教学方法”[3]。在这一过程中，学生将所学法律知识运用到真实案件中，实现学以致用；而且，还可以培养学生的法律职业技能，如如何会见当事人、如何书写法律文书、怎样调取证据、如何在法庭上进行辩论等。更为重要的是，在代理案件过程中，学生能够以一种“看得见的方式”感受到法律的正义；同时，也有利于培养学生的社会责任感、正义感，有利于法律职业伦理的养成。“法律诊所教育方法常常被描述为‘在行动中学习’，即在老师的监督和指导下，通过学生积极参与各种法律实践来开展法律教学

---

〔1〕 吴宏耀、徐安：“美国法律诊所教育及其借鉴意义”，载《中国法学教育研究》2012年第3期，第126—127页。

〔2〕 蒋志如：《法律职业与法学教育之张力问题研究——以美国为参照的思考》，法律出版社2012年版，第229—230页。

〔3〕 ［美］罗伯特·科德林：《实案法学教育的道德缺失》，袁岳译，中国政法大学出版社1992年版，第80页。

活动。"[1]总体上讲，法律诊所教育课程由理论和实践两大部分构成：第一部分是课堂讲授，教师根据学生代理案件的诉讼阶段制定教学目标和教学计划，有针对性地进行课堂指导。虽然是知识的传授，但是该课堂强调师生的互动性，突出教师和学生的平等地位。第二部分是案件代理，由学生独立完成从接受当事人委托到诉讼终结的所有代理工作。该部分突出实践性，强调在代理案件过程中提升法律职业能力，这也是法律诊所教育的精髓所在。

法律诊所教育不仅承担着法律职业教育的功能，同时，还承担着法律援助的社会功能。进入法律诊所的案件的当事人基本上都是无力支付高昂的代理费的穷人，他们同样需要维护自己的权益，需要正义的光芒的普照。法律诊所的出现有效地缓解了这一局面，穷人可以申请法律诊所的法律援助，由学生充当他们的代理人参与诉讼。这其实是个双赢的制度：其一，对于穷人来说，他可以获得免费的法律援助，实现至少是程序上、形式上的正义；其二，对于诊所的学生来说，在为穷人提供法律服务时，不但提升了法律技能，而且能够感受到下层百姓的疾苦，对社会有了更深的认识，强化了社会责任感。同时，学生充当代理人这一角色，为以后从事律师职业积累了丰富的经验，"加深了对律师职业准则的理解，也会产生更广泛的社会效益"[2]。"经过30年的实践，法律诊所教育不仅督促美国的法学教育从以一个教师为中心，充斥着理论的模式向一门以实践为导向，以技能训练为基础的学科演进；而且还有力推进了法律援助事业的发展。"[3]

（二）法律诊所教育与我国现有教学模式的区别

1. 法律诊所教育与传统课堂教学的区别

传统课堂教学一方面受制于法律文化的约束，即成文法国

---

〔1〕［印］马海发·梅隆：《诊所式法律教育》，彭锡华等译，法律出版社2002年版，第24页。

〔2〕甄贞：《诊所法律教育在中国》，法律出版社2002年版，第12页。

〔3〕陈建民："法律诊所教育与法学教育的改革——兼谈美国法律诊所教育在中国的实践"，载《岳麓法学评论》2001年第2期，第86页。

家，强调法律规则的成文化、体系化。与此相适应，我国传统教学模式注重法律概念、法律理论的研究以及完整法律体系的构建。另一方面受中国传统教育观念的影响，教学以“教师”为中心，由教师进行“传道、授业、解惑”，学生参与度不高。这决定了“法学教育过程与法律职业的素质需要不对称，相对重视法律知识的机械传授，相对忽视法律实践操作技能训练”[1]，导致教师以教为主，侧重理论知识的讲授。

传统课堂教学通过教师的谆谆教导，可以帮助学生理解法律理论，通过教师体系化的讲授，学生能够建构法律整体框架。这无疑为学生以后从事法律工作打下了牢固的基石。但不得不说，教师们讲授的大多是宏观的、纯粹的法学理论，纵使教师花费大量精力意图讲授清楚高深的理论，但是学生们也不会领情。因为纯粹的法学理论总是枯燥乏味的，学生学习的积极性不高。传统课堂只关注知识的灌输，导致理论和实践脱节，即使学生有完备的法律知识，但在具体案件中也变得束手无策。正如美国著名法学家、法官霍姆斯所言：“法律的生命不在于逻辑，而在于经验。”法律诊所教育则沿袭了这一理念。它将法学教学的重心从理论转移到实践上来，教师通过指导学生代理真实案件，让学生在实践中学习法律并应用法律。与传统法科学生思辨型思维不同，法律诊所教育意在培养学生“像律师一样思考”。

法学是一门实践性很强的学科，只有在处理案件过程中才能学会如何运用法律，才能领悟到法律的真谛。然而，传统课堂教学却以讲授为核心，学生完全处于被动地位。教师往往根据学期前已经制定好的教学计划进行体系化的教授，这导致学生不得已只能被动接受老师所讲授的内容。至于学习的效果，单纯通过学期考试，很难得到真实反映。“与传统的法学教育中教师唱独角戏的教育模式不同，诊所法律教育真正实现了以学生为主体，在

---

〔1〕 曹义孙：《多面向的法治教育——法教育学论衡1》，中国政法大学出版社2012年版，第312页。

师生互动和学生的互动的过程中实现法律教学的目的。”[1]在法律诊所中，由学生独立代理案件，教师只是起到指导作用，从而根本上扭转了本末倒置的怪圈。

2. 法律诊所教育与模拟法庭的区别

模拟法庭作为创新实践性法律教学方式，本应承担提升法律职业能力的任务。但是，根据笔者近几年的观察，模拟法庭在偏离其制度设计的本意的道路上越走越远。首先，模拟法庭“限制了学生对于真实的法律纠纷的两个关键因素，即人和事的互动和不可预料的本质进行有意义的理解”[2]。作为模拟法庭使用案件，大多都是诉讼程序已终结、早已定案的案件，虚假的当事人使得庭审中缺乏有效的互动；同时“当事人”的经历也被虚设，原本一波三折的庭审也就变得索然无味，学生对庭审中突发事件的应变能力得不到锻炼。而在法律诊所教育中，学生充当代理人的角色，其所代理的案件都是真实的，面对真实的当事人，学生需根据案件具体情况独立分析法律问题，找出解决问题的办法。

其次，模拟法庭的形式意义大于实际意义。我国大部分法学院所举办的模拟法庭并不是教学任务的一部分，而只是作为学院组织的一次活动。为了保证此类活动有理有节地顺利进行，避免活动的混乱或冷场的尴尬，参加模拟法庭的学生往往事先经过多次排练。与其说是一场法庭审判，不如说是一场普法表演。模拟法庭的价值“也仅仅是解决了学生们‘初次体验’审判程序的问题，或者说纯粹为了熟悉审判中的庭审流程而进行的一场实践教学，并不能从中获取更多的职业知识”[3]。然而，法律诊所教育强调学生的实践性，由学生接受当事人的委托，参与真实的案件审判活动，最大程度地锻炼了学生的现场应变能力及辩论能力。

---

〔1〕 王崇敏、王琦：《法学实践性教学与应用型法律人才培养》，吉林大学出版社2011年版，第199页。

〔2〕 杨欣欣：《法学教育与诊所式教学方式》，法律出版社2002年版，第421页。

〔3〕 唐力、刘有东：“反思与改革：法学本科实践教学创新模式研究——以法律职业教育为视角的一种思考”，载《西南政法大学学报》2010年第1期，第40页。

在代理整个案件的过程中，学生不仅熟悉了诉讼程序，而且也提升了法律职业技能，具有很强的实践意义。

最后，模拟法庭只是对庭审这一诉讼阶段的演练，而忽略了立案、起诉、执行等诉讼程序，导致实践的不完整性。而法律诊所教育却贯穿整个诉讼程序的始终，从接受当事人委托，到案件审判及执行，都需要学生的参与。通过法律诊所教育，学生可以培养全面的职业能力。

3. 法律诊所教育与案例分析教学法的区别

案例分析教学模式只是作为传统课堂教学的补充，由教师在讲授某一法律知识时，引入具体案件，帮助学生理解理论知识；同时，增加学生兴趣，调动课堂积极性。案例分析法实现了理论与实践的简单结合，但它的目的不是提高学生的实践能力，而是为了帮助实现教学目标，协助理论知识的讲解。一方面，案例分析的主体仍然是教师，案例的选择往往由教师根据理论教学的需要闭门造车；案例的运用也只是在教师讲授法律知识时穿插进行，学生的参与度不高。与其说是分析，不如说是举例说明。而法律诊所教育的主体是学生，在课堂讲授部分，教师根据学生代理案件的进度设计教学内容；在案件代理部分，则更是由学生独立承担。另一方面，案例分析的结果早已由教师预先设定，即使存在互动也只是教师指引学生得出唯一正确答案，学生的思维完全受到限制。况且，案例综合性不强，案例中所包含的只是特定法律问题或是只涉及某一法条的运用，这显然不利于培养学生分析问题和解决问题的能力。而法律诊所教育所代理的案件都是真实的、尚未进入诉讼程序的案件。学生可以第一时间参与案件的处理，根据个案的具体情况全面分析所涉及的法律问题，提出处理案件的办法。由于案件结果是未知的，使得学生可以开拓自己的思维，提出不同的解决问题的思路，并查阅资料寻找支持自己主张的理论依据，这大大提升了学生处理案件的综合能力。诊所式教育还进一步地拓宽了法律教育主要问题的领域，“这种效果是非诊所方法所无法达到的。因此，诸如实体法与程序法的关系，以及通过事实的社会关联来处理案件等问题，只能在法律诊所而不是在老师的讲授和学生的讨论中学到”[1]，实现了实体与程序、事实与法律的完美结合。

三、我国法律职业化教育中的突出问题

法律职业以法学教育为基础，只有接受过正规法学教育的人才能从事法律职业。法律人应当具备三个方面的职业要求：其一，掌握系统的法律知识，包括对法律条文的熟知、对法学理论的了解；其二，具备法律职业技能；其三，具备法律职业伦理。不难看出，我国法学教育只重视对第一方面的培养，并不以职业化为目标，总体上存在“重理论、轻实践”的弊端，主要表现在以下四个方面：

（一）教育理念落后

不论是本科教育阶段还是在研究生阶段的教育方式都沿袭了我国传统的“填鸭式”的教学模式。该模式以教师为核心，教师作为布道者向学生传授法律知识，学生则处于被动地位。在培养目标上，现有教育模式似乎更注重学术型人才的培养，职业能力的培养则推给了就业后的再教育；在课程体系上，仍以14门核心课程为主，实践性教学方式缺失。很多教师存在计划经济时期的陈旧观念，认为学生只要学习好就会有好工作，这就导致了教师“变本加厉”的加深理论深度，对学生职业能力的提升置若罔闻。由于对学生成绩的考核仅限于书面考试，导致“法科学生陷入了上课记笔记、下课抄笔记、考试背笔记、毕业丢笔记的学习怪圈”[2]。毕业生进入实务部门后，会发现以往所学的知识几乎无任何用武之地，又要从零开始再学习。虽然目前我们已经意识到传统法学教育忽视了职业能力的培养，相应地在课程设置上增

---

〔1〕［美］罗伯特·科德林：《实案法学教育的道德缺失》，袁岳译，中国政法大学出版社1992年版，第13页。

〔2〕周世中：《走出法学象牙塔——应用型法律人才培养模式创新实验区的建设的研究与实践》，广西师范大学出版社2011年版，第5页。

加了一些应用型课程，但这实际上并没有从根本上改变传统教学模式。究其原因，主要在于教育理念的落后。因此，无论如何对课程体系进行改革，如果不转变落后的教育理念，法学教育职业化就不可能有根本性的进展。

（二）偏重法律知识的传授，忽视实践性教育

受成文法国家法律文化以及中国传统教育理念的影响，我国法学教育一直强调知识的传授，“基本上停留在理论的分析、法律条文的诠释，因此距离司法实践的要求差距甚大”[1]。虽然理论知识的学习为从事法律职业打下了牢固的知识基础，但法律人更需要具备丰富的职业技能以及从业经验。实践性教育的缺失导致学生即使拥有足够的理论储备也不知如何具体运用。“轻实践”在法学教育中的表现尤为明显：首先，法学教学内容都是按理论知识的讲授来设计的，实践性课程微乎其微；其次，专业实习可以说是提升法律职业能力、提高学生实践性最好的契机，但是对专业实习的安排有诸多不合理性：其一，时间短，大部分法学院将时间设定在一至两个月，然而，法律职业能力的提升需要时间的积累，靠一至两个月的时间来完成职业化教育的任务显然是不可能的；其二，没有明确的职业化教育培养目标，学生在实习期间接受“学徒式”的教育模式，即由律师或司法工作人员作一对一指导。学生所学习到的知识完全依赖于指导老师在这期间办理的案件类型，这种教育模式具有随机性。

（三）实践性教学方法形式化

创新性实践教学方法旨在改变我国法学教育“重理论、轻实践”的弊端，其初衷是值得提倡的，但在具体操作上却被传统教育方式“同化”，使之流于形式，实践意义不大。模拟法庭本可以起到提升学生职业能力的作用，但是，在实际过程中其慢慢演变成了一场公演，所有场景、辩论、审判结果都已提前设计好，学生只需按照剧本表演。案例分析则更像是在讲故事，其目的不是引导学生

---

〔1〕 朱苏力：“当代中国法学教育的挑战与机遇”，载《法学》2006 年第 2 期，第 12 页。

运用法律，而是调动学生的积极性，教师往往会把案件经过讲得栩栩如生，而法理的分析则寥寥几句。专业实习更是沦为走过场，大部分学生在实习期间并没有机会直接参与案件的处理，甚至有相当一部分同学为了考研或找工作，根本不去实习。实践性教学方法的形式化导致其没有起到提升法律职业能力的效果。

（四）法学教育与市场脱节

不可否认，当代中国法学教育培养了一大批杰出的法律人才，为我国法治建设做出了不可磨灭的贡献。但是，随着市场经济的发展以及法治建设的深入，对法律人的要求越来越高——不仅要有扎实的理论功底，还要有较强的法律素养。然而，目前我国法学教育仍沿袭旧的教育模式，教育理念没有随着时代的发展做出调整，没有反映市场的要求，导致培养出的学生职业素养较低，不能适应市场化的需求。“法律职业人供给的状况优劣很大程度上恰恰取决于作为产品输出的法学院和作为产品输入的法律职业市场之间的衔接水平。”〔1〕社会的多元化必然带来所需人才的多元化，法学教育也应紧跟社会发展，培养多元化的法律人才。

四、以法律职业化为导向的法律诊所教育改革路径

“根据各国法治的发展规律，法治会出现在立法完备的‘司法中心时代’，那么，法学的职业性特征必然会被强调。”〔2〕目前，我国已建成完善的社会主义法律体系，开始由“立法中心时代”向“司法中心时代”转变，因此，中国法学教育也应相应地向职业化教育转型。源于美国的法律诊所教育为我们提供了一条可借鉴的道路。从2000年9月，在美国福特基金会的资助下，北京大学、清华大学、中国人民大学、武汉大学、中南财经政法大学、华东政法学院和复旦大学等七所高等院校在其法学院开设诊所式

---

〔1〕 刘坤轮：《法学教育与法律职业衔接问题研究》，中国人民大学出版社2009年版，第20页。

〔2〕 孙笑侠：“法律的本相——兼论法科教育转型”，载《中外法学》2008年第3期，第430页。

法律教育课程。截止到2008年12月，开办诊所式法律教育的院校已占到中国高校的五分之一。[1]法律诊所教育还在如火如荼的扩展，但是其在本土化的过程中出现了一系列的问题，作为舶来品，法律诊所教育如何适应我国法律文化的土壤，仍是目前我们需要关注的。在此，笔者提出以下建议：

（一）转变法学教育理念

“由于种种原因，长期以来我们在更多关注和强调其教育属性的同时，却有意无意地忽略了它与法律职业的制度联系，使得法学教育逐步淡化了法律职业的属性。”[2]正如前文所述，我国已经开始向“司法中心时代”转型，我国法学的重心由立法转向司法，这就需要大量专业化、高素质的应用型法律人才。法学教育作为培养法律人才的基地，应当承担起这一历史使命。法学既要注重法学理论知识的教育，使学生具有牢固的理论基础以应对复杂多变的法律问题；又要重视法律职业教育，包括训练学生的法律思维，“像律师一样思考”，提升法律技能，培养法律职业伦理。如果法学教育模式仍以教师为中心，不重视实践教学，那么，即使引入诊所教育也毫无意义。总之，法学教育要摒弃“重理论、轻实践”的教育理念，改变传统的“填鸭式”教学方法，增强学生在法律教育中的自主性、实践性，变被动接受为主动学习。

（二）将法律诊所教育纳入法学教育课程体系

虽然目前已有八十多所院校引进了法律诊所教育，但是有相当一部分学校并没有实际开设法律诊所课程，“空挂牌”现象严重，导致资源的浪费。所以，应当将法律诊所教育作为实践性教学方案纳入现有的法学教育课程体系，按学期或学年制定教学计划。并制定一定的评分标准，将学生在法律诊所教育中的表现作为评定学生综合素质的标准之一，同时也作为考核教师教学水平的标准。通过原有的理论课程体系，使学生掌握各部门法的基本理论知识；通过

---

〔1〕 张桂琳：《中国法学教育研究》，中国政法大学出版社2009年版，第95—96页。

〔2〕 霍宪丹：《法律教育：从社会人到法律人的中国实践》，中国政法大学出版社2010年版，第59页。

法律诊所的实践性教学，将所学知识运用到具体案件中，理论与实践的无缝隙结合实现了理论教学与实践教学的平衡。

（三）教师的专业化和多元化

法律诊所教育偏重实践性的特征决定了指导教师既要具备扎实的理论功底，又要有丰富的法律实践经验，这就产生了对指导教师专业化的要求。目前我国法学院的教师主要承担教学和科研工作，教师们的理论功底毋庸置疑，但是相当一部分教师很少从事实务工作，或者只是兼职，执业经验不够丰富。基于此，法学院可以有针对性地培养专职的指导教师，专门从事法律诊所教育。与其相配套，学校应改变教师考核评分标准，降低对专业指导教师的科研要求。

同时，学校还可以聘请具有丰富从业经验的律师、法官、检察官指导法律诊所教育，促进指导教师的多元化。由于美国的法官大多是从优秀律师中选拔，所以美国以培养律师作为法学教育的目标。与此不同的是，我国的法学专业毕业生可以通过考试直接进入司法机关，这就决定了我国的法学教育目标的多元化。因此，我国的法律诊所教育应突破指导教师单一化的模式，依据学生的实际情况，由不同职业的法律人充当指导教师。不同的指导教师根据自己所从事的法律职业出发，介绍自己的经验，进行有针对性地指导，如律师可能侧重于对法庭辩论的指导；检察官可能会侧重对收集证据的指导；而法官则可能侧重于对审判的指导，这有利于培养学生的综合技能。

（四）建立资金支持的长效机制

开展法律诊所教育既需要固定的场所、办公设备，又要有足够的经费支付学生在代理案件中的开支。然而现实中，由于对法律诊所教育的重视程度不高，再加之近年来福特基金会不再向高校投入教育资金，导致大多高校都存在经费严重不足的状况。为解决这一问题，有学者提出“开源节流”的渠道〔1〕。开源，指的是拓宽渠

〔1〕 霍宪丹：《当代法律人才培养模式研究（上卷）》，中国政法大学出版社2005年版，第142页。

道，吸引社会资金的支持，如校友、律师协会的资助，企业的赞助；节流，指的是整合现有课程体系，避免课程重复造成资源的浪费，以便将有限的资金投入到法律诊所教育上来。“但从长远来看，维持法律诊所正常运转的经费必须源自教育体制内部资金的切分，源自教育决策层对法学实践教学的真切重视。”〔1〕因此，我们可以将法律诊所作为法学教育的重要内容，建立为其提供充足资金供应的长效机制。

结　语

法学教育职业化的目的，不仅在于培养应用型法律人才，“也在于培养一个具有共同法律信仰、职业伦理、专业知识、实践技能的法律职业共同体”〔2〕。法律诊所教育作为实践性教学方法对法律职业化的作用是全方位的，它不仅使学生在代理案件过程中学习并运用法律，锻炼法律思维；而且有助于培养证据调查、法庭辩论等职业技能，同时，还可以培养学生的法律职业伦理。虽然目前我国法律诊所教育还存在诸多问题，但是以法律职业化为导向的法律诊所教育改革不会停止。正视当前法学教育过程中存在的诸多问题，不是要嘲讽教学体制与授课模式，恰恰相反，我们就是要在暴露现有问题的基础上，更加客观地对此有所认识，看到其在实践运用中存在的不足，并在有效对策的引导下不断促成其完善。我们已然看到，法律职业化能力的不足已经成为法学教育的短板所在，其弊端并不是短期之内形成的，因而如何有效去除这一顽疾也非一日之功，但是，法律诊所教育在实践中的功能发挥及其阶段性的成效，已经告诉我们其是值得尝试的，也是鼓舞我们朝此方向更好努力的有效路径。

---

〔1〕许身健：《实践性教育论丛（第2卷）》，知识产权出版社2014年版，第234页。

〔2〕徐显明：“中国法学教育的发展趋势与改革任务”，载《中国大学教学》2009年第12期，第4页。

中国政法大学中欧法学院中国法项目

——现状和展望

◎ 曾彬彬 *

内容摘要： 历时六年，中国政法大学中欧法学院的中国法项目已初具规模，其优势也日渐凸显：异于国内一般法学院校的课程体系，师资构成多元且国际化，培养质量日益提高。不可忽视的是，项目在运作过程中也呈现出培养目标不明确、全职教授队伍单一、课程不能回应专业诉求等软肋，牵制了项目的发展。如何打造项目品牌竞争力？中欧法学院相关参与主体需借力学院的欧洲—国际法硕士项目，在中国法项目的国际化、精英化和职业化方面下功夫、出实招。

关键词： 中国法学院；法学教育；现状；展望

中国政法大学中欧法学院由中国政府和欧盟于2008年共同发起成立，是国内迄今为止唯一获得教育部批准的“中外合作办学”的法学院。中欧法学院致力于发展硕士项目、职业培训项目和研究项目，“以成为中欧双

* 曾彬彬，女，中国政法大学中欧法学院教师。

方在法学研究与教育、学界与实务界交流与合作的平台”[1]。双硕士项目（中国法项目+欧洲—国际法项目）是中欧法学院的核心项目，中国法项目是双硕士项目不可分割的组成部分，顺利完成第一年中国法项目（中文和英文讲授）学习的学生将进入第二年的欧洲—国际法项目（英文讲授）。过去六年的经验表明，中国法项目与欧洲—国际法项目基本兼容，学生经过第一年的知识储备和语言训练，能够顺利完成第二年的学习，这些学生在毕业时既能获得由中国政法大学颁发的研究生毕业证和硕士学位证，也能获得由汉堡大学（中欧法学院的欧方主要合伙人高校）颁发的硕士学位证。然而在法学研究生教育不断产业化和高度竞争的今天，中欧法学院的中国法项目如何脱颖而出？本文意在粗线条勾勒中欧法学院中国法项目的现状，并期待该项目相关参与主体能够突破阻力，推行改革措施，推动中国法项目成为国内具有较强竞争力的法学研究生教育品牌项目。

一、中国法项目概况

（一）课程体系

中欧法学院近六年的招生计划不尽相同。2008—2009 年，中欧法学院招录专业涵盖宪法学和行政法学、民商法学、知识产权法学、刑法学、诉讼法学、国际法学、比较法学、人权法学、法律硕士（非法学），招录人数为 50 人；2010 年，招录专业仅为比较法学，招录人数为 80 人；2011—2014 年，招录专业为宪法学和行政法学、民商法学、刑法学、诉讼法学、经济法学、比较法学、法律硕士（非法学），招录人数为 110 人/年。从招录专业可以看出，中欧法学院中国法项目并不单单针对某一法学专业而设，招录专业之广，恐怕鲜有其他法学院能与之抗衡。

在中欧法学院，中国法课程自成一体，这套课程体系最显著的特征是：它并不因硕士研究生专业的不同而分别设计法学二级

---

〔1〕 来源：http：//www. cesl. edu. cn/ecslintro. asp，最后访问日期：2014 年 3 月 31 日。

学科课程体系，比如独立且完备的刑法学课程体系，或者诉讼法课程体系。中欧法学院平均每学期为硕士研究生提供13门课程，约26学分。课程涉及公法、私法，国内法、比较法，并几乎覆盖所有部门法且延伸至部门法下属的子部门法。[1]不同专业的硕士研究生共享中国法课程体系，他们被要求在第一学年修学36学分，除了7门必修课，他们可以在其余20门选修课程中根据专业设置及个人爱好修学22学分。

不同专业共享课程的好处是显而易见的，比如，背景多元化的学生参加同一课堂，能够为课堂带来多元视角，启发课堂并将课堂引向纵深。但与此同时，不同专业的学生共享同一课程体系也存在弊端，不足处笔者会在后文提出。

1. 课程特征

中国法项目的课程特征可以简单概括为：一条主线、两个重点、三项举措。传统法学主干课程贯穿中国法项目，比如实体法中的民法、刑法和行政法，程序法中的民事诉讼法、刑事诉讼法和行政诉讼法。中国法项目不仅提供中文课程，而且提供由外教执教的英文课程。以2013—2014学年课程为例，外教执教的英文课程数占整个学年中国法课程比例的23%。同时提供中英文法学课程，这是重点之一。另外，中欧法学院逐年增加选修课的比例，为学生提供较大的选择范围，使得学生可以深入挖掘学术兴趣，为今后可能从事的学术或实务夯实知识基础。所谓三项举措主要是指：①不断开发实务课程，类似法律诊所及谈判基础的课程深受学生欢迎。学院鼓励任课教师将模拟法庭及课堂研讨的形

---

[1] 以2013级课程为例，中欧法学院开设以下中国法课程（必修课为C，选修课为E)：宪法和宪法诉讼（C)、法律方法（E)、法社会学（E)、刑法专题研讨（C)、侵权法（C)、合同法（E)、刑事诉讼法专题研讨（E)、国际经济法（E)、市场与政府管制（E)、中国民事诉讼法学（E)、当代中国法律（C)、证券法（E)、知识产权法（E)、谈判基础（E)、比较劳资关系（英文讲授）（E)、中国对德投资的法律制度框架（英文讲授）（E)、法律研究与写作（英文讲授）（C)、财产法（C)、婚姻法（E)、公司法（E)、行政法与行政诉讼法（E)、法律研究与写作（高级）（英文讲授）（E)、国际公法（E)、民事程序和集体诉讼（英文讲授）（E)、法律职业伦理（C)、国际合同法原理（英文讲授）（C)。

式融入传统法学教学中，获得了积极的回应。②小班授课。随着选修课的供给比例逐渐增加，探索小班授课的方式变成可能。小班授课充分调动了学生的积极性，热烈的课堂研讨极大地提高了课程的深度。③将英文讲授的中国法课程纳入选修范围。中欧法学院面向外国留学生开发了英文讲授的中国法项目，该项目全部课程由中国教授用英文讲授，课程内容为中国主要部门法。允许中国学生选修英文讲授的中国法课程，中外学生同堂上课，增强了课堂的互动性和包容性。

2. 课程改革

中欧法学院为中国政法大学下属的二级学院，但因其“中外合作办学”的特性，学院在课程设置和培养方案等事务的安排上，具有相当的自主权。可以说，中欧法学院是中国法学研究生教育的一个特区，学院不仅拥有完全的课程设置自主权，而且能突破传统法学课程体制框架的限制。自建院至今，学院大胆改革思想政治理论和外语课，以“法律职业伦理”和“当代中国法律”取代“中国特色社会主义理论与实践研究”和“马克思主义与社会科学方法论”〔1〕。同时，因每个学期均设置了3—4门英文法学课程，中欧法学院不再重复开设单独的英语语言课程。显而易见的是，学生对“法律职业伦理”和“当代中国法律”课程的热情要远胜于一般的政治课程。从课程评估结果来看，学生从这两门课程中所获得的知识养分和思想启迪，令人鼓舞。

在中欧法学院授课的教师基本都有海外背景，他们倾向于将普通法系国家的法学教育方法引入中欧法学院，最直接的体现是课程材料。不同于国内其他法学院校硕士研究生阶段采用教科书的方式，中欧法学院对课程材料进行了改革，并被贴上欧美法学教育的标签。在中欧法学院，每门课程少则一百页材料，多则数百页，均由任课教师精心准备，学生主动或被动阅读大量材料。在阅读材料之余，多数课程要求学生完成相当分量的课后作业，

〔1〕 中欧法学院中方创始联席院长方流芳教授在中国法课程设置上做出了大胆的创新和改革，政治课程和外语课程的改革成果一直沿用至今。

而完成作业的过程又是一个不断阅读材料和储备知识的过程。因而可以说，改革后的课程材料促使学生更加主动地掌握知识、探索知识、运用知识。较之传统教科书，课程材料更具发散性和实用性。

（二）师资构成

长期以来，中欧法学院中国法项目的主要师资来源为兼职教授，全职教授的数量平均每年为 3 名。这种特殊的师资结构仍然源自“中外合作办学”的特性。在教育部于 2014 年 4 月 22 日公开的“硕士及以上教育中外合作办学机构与项目”名单中，中国共有 314 个中外合作办学（高等教育）的机构或项目，其中，项目为 309 个（占 98.4%），机构为 5 个（1.6%）。所谓项目，外界通常认为不同于机构，并有固定存续期间。中欧法学院虽为中国政法大学下属二级学院而非独立学院，且非中外合作办学项目，但因其创设并不由中国政法大学单方发起，而是要在一定程度上反映欧方意志，学院管理架构及运营方式自一开始便异于中国政法大学其他二级学院。一是优秀的法学教师对中欧法学院的长期存续心存疑惑，二是因中欧法学院对中国法教师要求甚高（至少能用英文讲授一门课程），故而，学院的全职教授从未超过 3 个。

中欧法学院中国法项目授课任务堪称国内法学院校负担最重的，如何在全职教授仅为 3 人的前提下保证课程顺利开展？学院另辟蹊径，吸收了大批优秀的兼职教授。以 2013—2014 学年为例，兼职教授的数量为 17 人，占全学年中国法教师数量的 85%。

构成中国法项目师资主力军的兼职教授均为副教授以上，且大部分拥有海外经历，他们或持有海外博士学位，或曾在海外访学、讲学，或为外籍教授。以 2013—2014 学年为例，2 名中国籍教授获得海外博士学位，13 名中国籍教师在欧美加访学或讲学 1—3 年不等，2 名外籍教授常驻中欧法学院（1—3 个月）。在这 17 名教师中，教授共 12 名，副教授 5 名。

一方面，吸收大量兼职教授这一做法极具灵活性：学院可以根据教学需要及教学质量评估结果吸收讲学能力强、授课方式新颖、课堂效果好的教授。另一方面，其弊端也应当引起重视并加以改进：稳定的师资队伍始终是一所优秀的法学院稳定的基石，师资的波动将不利于教学任务的推进和教学质量的控制。倘若师资无保障，中国法项目对潜在硕士研究生的吸引力也将大打折扣。

（三）培养质量

笔者认为，衡量一流法学院校的最重要的标准是学生培养质量，根本标志是毕业生就业质量。目前，国内尚无法科学生质量评价体系，评价指标和评价因素也无从谈起。从市场导向的角度来看，法科毕业生就业质量从一定程度上反映了培养质量的高低优劣。从横向比较的角度来看，不同法学院校针对同一专业的培养方案可以反映出培养主体对学生培养质量的预期。无奈多数培养方案仅规定学分、课程及必读书目等，针对培养对象的约束机制和质量控制体系基本空缺。鉴于目前没有完善的培养质量评价体系，笔者试图从中欧法学院的毕业生就业质量、任课教师的课堂评价及课外活动成果来说明中国法项目的学生培养质量。

1. 就业质量

中欧法学院于2008 年建院，首届学生于2010 年毕业。2010—2013 年，中欧法学院一共输送了177 名硕士研究生，平均就业率为95%。[1]在168 名“已就业”的毕业生中，从事法律职业的共131 人，占比78%。此处的法律职业，是指进入律师事务所、公司法务部门以及公检法机构工作。在177 名毕业生中，125 名学生在京就业，占比71%。以上数据与中国政法大学其他法学院相比较，可能不相上下，甚至略有逊色。在此，笔者想着重强调就业质量。

2012 年，中欧法学院 5 名毕业生成功迈入如美国美迈斯（O'Melveny & Myers）、英国年利达（Linklaters）等跨国律所在

---

〔1〕 数据来源：http：//www. cesl. edu. cn/employmentstatistics. asp，最后访问日期：2014 年4 月15 日。

京、沪、港代表处，自那以后，越来越多的毕业生敢于向跨国律所和跨国金融机构展现自己。虽说最终进入跨国公司工作的毕业生数量并不多，但这几年的趋势反映了部分中欧法学院毕业生已经具备用英文在国际性职场开展工作的能力。

值得一提的是，在中国政法大学推荐的2014年国家公派研究生的38名学生中〔1〕，中欧法学院有13人，占比34%。该比例表明中欧法学院学生的国际化视野在拓宽，这种趋势在未来几年可能还会有明显的上升，主要原因在于：中国法项目和欧洲—国际法项目的结合，极大地增强了学生的语言优势，学生在硕士学习阶段深刻体会国际化，克服了对欧洲法律和国际法律一无所知的恐惧，增强了自信。出国深造将进一步提升他们的国际化程度，也将切实地增强他们的求职能力。当国内法律职业市场呈现饱和趋势，拓展国际法律职业市场成为必然。可以预见的是，中欧法学院毕业生往后的就业将呈现更加明显的国际化特征。第一年的中国法项目教授给毕业生的，不仅是牢固的中国法律知识，更是能为今后所用的法律英语阅读能力、法律写作能力和法律思维能力。如果要给中欧法学院的中国法项目界定一个类别，那它更像是天生带有国际化因素的法律职业教育。

2. 任课教师评价

任课教师的评价本是主观性极强的、无法科学印证的意识综合体，本应无法用来论证培养质量的高低优劣。笔者担任中国法项目教务秘书的两年时间里，多名任课教师向笔者声称，给中欧法学院学生上课，自身热情高涨；也有教师称，在中欧法学院上课体会到了寓教于乐；甚至有外教坦言，她非常期待来中欧法学院上课（Susan Gale Wintermuth）。在例行的教师对学生的教学评估中，95%以上的任课教师对“学生通过课前预习获得背景知识的情况”、“学生参与课堂讨论、主动思考和提问的积极性”、“学生在课堂讨论、课后作业中表现出的逻辑思维能力和批判精神”

〔1〕 来源：http://yjsy.cupl.edu.cn/graduate—education/c51/1482/，最后访问日期：2014年4月17日。

给出了满意或较为满意的评价。假设最高分为5分，95%以上的任课教师给出了4分或5分。4分或5分并不表明每个学生都确切满足了评价指标所要求的能力，它反映的是一个整体水平和整体印象。事实上，学习态度好、学习能力强的学生永远都是少数，但在中欧法学院，竞争是永恒的主题，高额的奖学金促使学生认真对待学习，形成公开竞争。

3. 课外活动

学生竞赛和课外活动是学生培养环节中的重要一环，竞赛获奖和活动成果能从一定程度上反映培养质量。建院至今，先后有数十名中欧法学院学生加入中国政法大学代表队，参加国际性模拟法庭或模拟仲裁庭辩论赛。这些队伍一般由4人组成，中欧法学院学生平均占据1—2席。2011年和2013年，中欧法学院2名学生先后因参加国际刑事法院审判竞赛决赛表现优异，而获得前往海牙国际刑事法院实习半年的机会。实际上，每年能进入国际刑事法院实习的中国学生很稀少，甚至有些时候并无中国学生。2013年9月，中欧法学院第一次组织了6人Vis Moot代表队，在第11届Willem C. Vis（East）国际商事仲裁辩论赛中，获得口头辩论总分第三名（参赛队伍来自28个国家，共有包括哈佛法学院在内的99支代表队），其中2名队员分别获得最佳辩手的第一名和第二名（共400名选手），这令“来自世界各地的仲裁员、教练员、法学院学生惊奇不已”〔1〕。跨国律师事务所当场向他们伸出橄榄枝，邀请他们前往德国参加实习。可以说，这些令人骄傲的成绩均离不开中国法项目教给学生丰富的法律知识、国际视野、英文表达能力和法律思维能力。

二、中国法项目运行中的几个问题

问题和质疑总会伴随着新生事物的成长，也正是这些问题和质疑，才能促使人们深入反思并探索改进的空间。就笔者的观察

---

〔1〕 来源：http：//www. cesl. edu. cn/idxnewsview. asp？id =2665，最后访问日期：2014年4月17日。

而言，中欧法学院中国法项目存在以下三个不容忽视的问题，这些问题不解决，前进的动力不足。

（一）培养目标不明确，培养方案不成熟

办学之初，前总理温家宝指出，中欧法学院要培养大批学贯中西的法律人才。中欧法学院以该目标为导向，辛勤耕耘了六年。“学贯中西”之“中”，为中国法律，“西”则为西方法律。中欧法学院中国法项目“以1978年之后中国市场化改革的历程为背景，从沿革、转型、现状和前瞻等层面展示中华人民共和国法制的基本框架和主要部分”[1]。可以说，中欧法学院对于开展中国法项目的基本任务是比较明确的，但若要挖掘其中的培养目标和实质内涵，便有些困难了。迄今为止，并无明显的特征能够将中欧法学院的中国法项目与中国内地其他法学院校的法律教育区分开来。中欧法学院必须要回答中国法项目的培养目标是什么的问题，是培养法律职业人才，还是法律研究人才？国际法律职业人才，还是国内法律职业人才？

正是因为培养目标不明确，中国法培养方案存在“眉毛胡子一把抓”的情况。近三年来，中欧法学院招收七个专业的硕士研究生：宪法学与行政法、刑法、民商法、诉讼法、经济法、比较法、法律硕士（非法学）。七个专业几乎共用一套培养方案，专业特点和专业深度无从得到体现。如果中国法项目定位为培养国际法律职业人士，那么相应地，培养方案需要着重围绕培养国际性的法律职业人才，如国际公务员、跨国律师、跨国法务人员等，大幅度修改培养环节和课程体系。就现状来说，中国法项目仅是提供与中国法制框架相关的基础课程，比如公司法、民事诉讼法、刑法等，既无法满足学术型法律人才培养的需要，也不能很好地回应市场对职业性法律人才的需要。

（二）全职教授数量偏少，专业领域覆盖偏窄

长时间以来，不稳定的师资是掣肘中国法项目发展的软肋。

---

〔1〕 来源：http：//www.cesl.edu.cn/prgjmc.asp，最后访问日期：2014年5月9日。

虽说中欧法学院在选聘任课教师时具有极大的自主权，但选聘的过程当中不时存在临阵磨枪的情况。兼职教师在接受任课任务之前，需充分考虑本人的其他安排，并有可能在答应接受任课任务之后取消承诺。为了邀请最优秀的教师前来授课，学院有时需要提前一个学期甚至更长的时间开展沟通联络工作。倘若学院全职教授的数量及其专业领域能够基本满足中国法项目的授课任务，学院在师资问题上将无需大费周折。再者，若全职教授及其所设课程保持稳定，授课方式将逐年趋向完善和固定，课程质量也将逐年得到改善和提升。

名师往往是青年法学学子向往一所法学院最重要的元素，中欧法学院现任全职教授方流芳为民商法专家，郑永流为法理学和法社会学专家，刘飞为行政法和行政诉讼法专家，但毕竟总体数量偏少，学科领域涵盖范围窄。中欧法学院需要继续盘活京内外高校的名师资源，吸引名师常驻中欧法学院。

师资队伍的不稳定性，也削弱了中欧法学院的吸引力。在过去六年中，中欧法学院的中国法课程无法保持稳定，很大一部分原因是师资队伍不稳定。课程及师资经常变动，学生无法形成稳定的预期。比起课程结构和师资队伍已经成型的中国政法大学民商经济法学院、中国政法大学法学院等〔1〕，中欧法学院的中国法课程实力明显处于弱势地位。再者，中欧法学院针对某一专业安排的课程深度也是无法企及中国政法大学传统法学院的。如何扫除师资和课程障碍，增加中国法项目的吸引力，确实考验年轻的中欧法学院的智慧和勇气。

（三）课程设置与专业设置不对应，课程内容重实体、偏私法

如前所述，中欧法学院中国法项目招录七个专业。所有专业共用一套课程体系，课程广度基本涵盖法学分支学科，包含实体法和程序法、公法和私法，但课程精度和深度却是长期饱受诟病。以比较法专业为例，该专业学生需与民商法专业学生同堂上

---

〔1〕 中国政法大学共有四大法学院：民商经济法学院、法学院、刑事司法学院、国际法学院。

课，学习民法、公司法、合同法等课程；也需与刑法专业学生同堂上课，学习刑法课程；此外，还要和宪法学与行政法专业学生同堂上课，学习宪法课程。然而，整个课程设置中并没有一门与比较法密切相关的课程，相反，比较法专业学生却需要学习财产法、侵权法等民法学科。不得不说，从中欧法学院的实际情况出发，中国法项目招录专业数量已经远远超出了它的承载能力。下一步要想在课程设置方面有所突破，需要科学论证招录专业的数量和类别。追求全面的结果是广而不专、泛而不精，中欧法学院中国法项目急需扭转这一趋势。

包括民商法在内的实体法是中欧法学院中国法项目的强项，中欧法学院所有学生，不分专业，几乎都与民商事法律沾边，其法律分析能力似乎也不在话下。相比之下，程序法课程相对稀缺，除了中国民事诉讼法、刑事诉讼法专题研讨和行政诉讼法，再无与程序法相关的课程。且该三门课程除了要求诉讼法专业必修外，选修人数也不乐观。自建院之初，学院遵照“通才教育”的思路培养学生，至今还是重实体、轻程序。笔者认为，法律人追求实体正义为题中之义，但是绝对不能舍弃程序法的教导。

中欧法学院向来重视包括公司法、合同法、侵权法在内的私法课程。统计发现，历年私法课程和公法课程占比约分别为 27% 和 45%（各学年统计数据见表 1）〔1〕。重私法、轻公法的课程设置，一方面体现了课程设计者独具匠心，意在使受众专精于民商事法，以应对今后法律职业的需要，但另一方面，对非民商专业的学生造成了困扰，这些学生在报考时选择宪法学和行政法学等非民商法专业，而在学习过程中，不得不遵从学院的整体课程安排。公法或许无助于处理民商事案件，也并非总是捍卫基本权利和自由的利器，但镶嵌在其中的法的精神却永远都是法治进步的助推器。笔者认为，学院应当增加公法课程的比例。

---

〔1〕 此处将课程类别划分为基础类、私法类和公法类，如法律方法为基础类课程，宪法和宪法诉讼为公法类课程，合同法为私法类课程。纵观历年课程设置，基础类课程和公法类课程比例相当，约占整个课程的 55%，其余均为私法课程，约占 45%。

表1　中欧法学院历年课程设置图

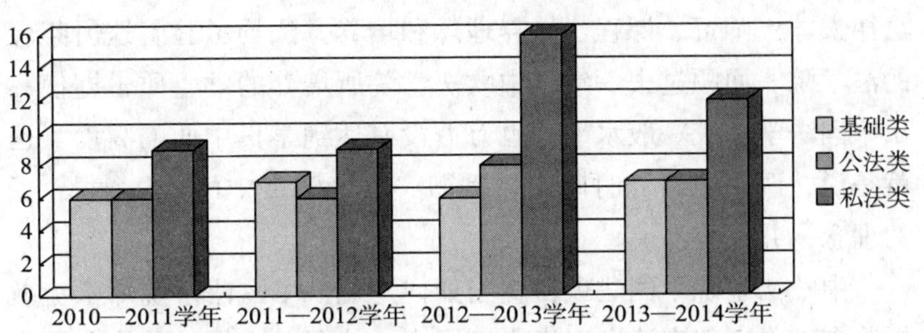

三、对中国法项目的展望

法学毕业生就业近年表现得乏善可陈，从麦可思研究院发布的中国大学生就业报告来看，法学已经连续五年（2009—2013）成为红牌专业。所谓红牌专业，也就是失业量较大，就业率较低，月收入较低且就业满意度低的专业，为高实业风险型专业。造成法学毕业生就业困境的原因是多方面的，笔者认为最重要的一个原因是国家法律教育战略布局欠缺科学性。盲目扩招、定位不准、培养质量低下，共同促成了法学毕业生就业困局。具体到法学硕士研究生教育，当前的一个大背景是：全国共有150余所高校具有法学硕士学位授予权，还有以法学学科为主脉的类似中国政法大学的高校，其中有2—4所法学院可以招收法学硕士并由所属高校颁发学位证书和学历证书。如何在众多法学院校的硕士研究生项目中脱颖而出，发现并发扬自身的比较优势，规避或克服自身的弱势，成为中欧法学院中国法项目发展中亟待解决的问题。

中欧法学院致力于培养学贯中西的法律人才，此话不错。但放在中国社会去考察，其效果有待进一步证实。首先，这些潜在的学贯中西的法律人才毕业后怎么办？很显然，大部分毕业生面临就业。那么中国的法律人才市场能够容纳多少个“学贯中西的法律人才”？恐怕这样的雇佣方不多，除了跨国律师事务所和跨国公司，其他市场主体鲜少提供类似岗位。然而，笔者发现，即使是跨国律师事务所和跨国公司，每年的法律人才岗位需求也是极其有限的。其次，年轻的中欧法学院何以培养大批学贯中西的法律人才？师资、课程、培养理念和培养方法均考验着这所年轻的法学院。回顾过去六年，中欧法学院所培养的学生质量即使高出中国法学院校一般水平，也万万没有达到学贯中西的高度。也就是说，两年的培养时间，想贯彻“培养学贯中西的法律人才”的理念，并不容易。

中欧法学院中国法项目应当如何定位？中欧法学院郑永流教授曾在一次内部座谈会上指出，国内法律服务市场日趋饱和，中欧法学院应立足培养国际法律职业人才，中欧法学院学生应当瞄准国际法律服务市场，而不仅仅着眼国内法律服务市场。笔者认为，这是一种大胆的提法。当前，鲜有中国人在国际刑事法院、联合国等国际组织工作，在这些组织工作的少量中国人，也都是因为拥有海外求学或外海实习的履历，从而得以机遇垂青。从中国高校毕业后直接应聘到国际组织的中国学生寥若晨星，倘若能够培养一批参与到全球化法律服务市场竞争中的硕士研究生，那么，中欧法学院的硕士项目无疑是成功的。

作为一所高起点的法学院，如何打破高失业风险的魔咒，在法学教育走出一条新路子？笔者认为，中欧法学院需始终坚持自身的优势，走一条中欧特色的法律教育发展道路。所谓中欧特色，是指中国法项目和欧洲—国际法项目两者的相互渗透和融合，两个项目在培养方针、培养方法、师资、教学等方面应当共享和借鉴。中欧法学院所培养的毕业生，应当具备进军国内外高端法律市场的能力，使自身异于同质化法学教育体制下数量众多的法科毕业生。

中欧法学院中国法项目的未来走向，或可考虑从以下三个层面加以完善和改进：

首先，从宏观层面讲，坚持走精英化、职业化、国际化的法学教育道路。中欧法学院开展包含中国法和欧洲—国际法的双硕士项目，这在世界范围内是唯一的。独特性在某种程度上意味着优势，来自欧盟和中国政府的支持是优势，自建院以来所形成的优良的欧洲法律教育资源是优势，频繁的国际交流是优势……中国法项目需借力中欧法学院的优势，在精英化、职业化和国际化方面有所突破。就中欧法学院的实际培养能力而言，每年招收百数人的学生，规模略显庞大。精英化和职业化不允许一刀切、满堂灌，精英化和职业化的过程，是有限的法学教育资源获得最高效产出的过程，在精英化和职业化的过程中，教学质量、就业质量以及声誉应当成为最高指挥棒。

其次，从中观层面讲，中国法项目的管理体制、师资知识结构、评价机制等应当改革。学院学术委员会应当在课程设置、师资配置以及质量控制方面发挥更加积极的作用。研究生法学教育区别于本科法学教育一个最大的特点是：教育对象不再被动接受知识的灌输，他们应当在探求知识时具有充分的主动性，在解决问题时，能够运用基本成型的法律思维，恰当地运用法律方法。相应地，课程设置、师资配置和质量控制应当体现出研究生教育的特点。除此以外，制度设计者和改革者还应当充分考虑中欧法学院的独特性，围绕欧洲—国际法项目改革中国法项目，使得两个项目在价值取向和制度衔接上具有兼容性。中国法项目合格者，应当掌握两项基本技能，具备两种基本能力。两项基本技能是指分析法律问题和解决法律问题的技能，两种基本能力是指扎实的中国法知识和良好的英语语言基础。如此一来，进入欧洲—国际法学习阶段，学生将带着比较的和国际的视角，在知识储备和思辨能力上保有充分的自信。中国法项目的体制改革应当围绕学生的这两种技能和两种能力，在教学管理、课程设置、师资结构和质量评价等方面展开。

最后，从微观层面讲，逐步改革中国法课程的授课方式，起用一批具有创新精神并富有实践经验的教授。具体来说，拿出小部分的课程，采用比较授课的方式，由中国和欧洲的教授用英文交叉讲授，此类课程同时向中国学生和国际学生开放，参与课程的学生必须能够或逐步获得用英文质疑和论辩特定命题的能力。此类课程可在理论课程如宪法、实务课程如公司并购同时进行试点。在师资队伍的遴选上，应重点考察遴选对象的授课经验、授课方法和英文表达能力，科研成果不应该成为单一的衡量标准。对于大部分法科学生而言，从教授的授课和指导中掌握法学研究方法，并非学习任务的全部，相较之下，掌握法律职业技能同等重要，毕竟，多数学生在毕业后是要直接面向就业市场的。因而，遴选中国法项目师资应舍弃科研成果至上论，反过来，笔者认为应当多吸纳那些具有丰富授课经验、富有创新精神、能够教给学生基础法学研究方法和牢固法律职业技能的师资。

高校法学研究生教育手段的困境与突破*

◎ 许桂敏　孙露露**

摘　要： 我国高校法学研究生教育起步晚，发展快，数量多，质量低。培养教育手段的僵化单一是质量下滑的内因之一。在依法治国的大背景下，必须重新审视传统教育手段，引进多种教学方法，激活整个教学活动，调动学生的主动性，提升教学效果。研究生培养的目标应从重知识向重能力转变，课程设置应向创新实践倾斜。贯穿教学的应是师生平等互动参与，教育手段应该灵活多样。

关键词： 法学；研究生培养；教育手段；完善

当我国全面贯彻落实依法治国的重大决定之时，也是我国高等教育法学发展的关键时期，更是考验高校法学研究生教育成果的试水期。改革开放以来，中国的法学研究生教育为国家培养了大批优秀法律人才，无论是

---

* 基金项目：本文为郑州大学研究生教学改革研究一般项目“法学研究生教育方式创新研究”（项目编号：YJSJY201426）的阶段成果。

** 许桂敏，女，黑龙江伊春人，法学博士，郑州大学法学院副教授，研究方向为刑法学。孙露露，女，河南安阳人，郑州大学法学院刑法学硕士研究生。

数量还是质量上，都取得了巨大成绩。但是，透过成果的辉煌，我们应该清醒地意识到，我们的法学教育尚未完全适应改革和经济社会发展的需要，也尚未完全适应国家和社会对法律人才培养的要求。法学专业学生就业难的窘境，一定程度上反映了问题的严重性。本文针对高校法学研究生教育手段的现状，寻找其存在的不足并提出改革建议。

一、当下高校法学研究生教育手段的困境

梳理我国法学研究生的教育历程，可谓时间短，发展迅速。20世纪80年代后，我国法学研究生教育步入规范化发展的轨道。近几年，伴随着我国研究生扩招政策的实施，我国法学研究生数量急剧增长，法学（法律）硕士点在各高校遍地生花。据统计，中国开办法学专业的法学教育机构为624所，截至2011年年底，中国具有法学硕士学位一级学科授权点的高校与研究机构达155所，全国攻读法学硕士学位的在校生7万多人。[1]研究生数量的攀升昭示了我国法学教育的疾飞猛进，至少跻身于世界高端人才培养规模化的前列。但是，事物都具有多样性，当法学研究生大跃进式地批量出炉的同时，其质量又如何呢？不可否认，众多的研究生学有所用，在不同行业和部门发挥了重要作用。问题在于，教育是一门艺术，需要长期的精雕细琢而不是短平快的粗制滥造。任由其发展，不能不说研究生的整体质量会大打折扣。显然，研究生的培养素质整体下滑是一个不争的事实，比如基本素质薄弱明显，科研创新能力缺失，毕业论文拼凑或抄袭屡见不鲜等。

究其原因，其中之一与教育手段的痼疾有密切的关系。灵活创新的教育手段可以培养和提高研究生的自主性和科研实践创新能力，而呆板单一教条的灌输方式只能使学生陷入被动听话的境地，所以，提高研究生质量水平的重要路径就是转变研究生的教育手段。增加教育手段的灵活性，培养研究生的创新思维发展模

〔1〕 张文显主编：《中国法学教育年刊（创刊号）》，法律出版社2014年版，代发刊词。

式，树立法治思维和法治理念，对于提高研究生的整体素养和培养专业人才很有必要。无论是培养学术学位的法学研究型人才，还是培养专业学位的应用型人才，还是培养复合型人才，改革法学研究生教育手段，是高校面临的重大抉择，也是焕发法学教育生命力的必由之路。为此，我们不能回避法学研究生教育手段存在的缺陷，而是要知耻而后勇。

（一）课程配置的困境

教育手段的客观展示在于科学合理的课程安排。一般而言，研究生课程设置不同于本科生教学，后者需要大量的基础铺垫，专业基础课开设较多，而前者的专业基础课应该少而精。因为，经过大学阶段系统专门的专业培训，学生已经具备了基本的知识技能，到了研究生阶段，应该是展现自我创新能力的时期。事实上，我国很多高校的研究生课程和本科课程差不多，雷同重复现象严重。以法学法硕两年制研究生为例，短短两年时间大部分耗费于狂轰滥炸式地接受本科知识的过程中。研究生开设的课程名称和主讲的内容与本科课程安排相差无几，又有强制的必修学时学分驱使，学生每天忙碌于听课，无暇自习，无法沉淀下来专心读一本法学名著，无心规划学习计划。总之，对研究生的要求是不能缺课，要面面俱到再听一遍大学的“高等”课程。这里，并不是一概否定教师的教书育人功能，而是单纯指课程设置的密集、僵化，导致育人者难以施展教育手段的变革探索，学生们无奈沦为“大五、大六”的大学生，而不是综合素质得以提升的研究生。特别是一些与法学研究生未来择业关系不大的公共课程，仅仅是形式上累计学分的计算器，而没有任何实质性功效，占用研究生学习时间过多，流于表面，收效甚微。

（二）教学方法的困境

教学方法与教育手段如影随形。教学是在教育目的规范下教师的教和学生的学共同组成的一种教育活动。[1]教学是一个系统

---

〔1〕 王道俊、王汉澜：《教育学》，人民教育出版社1989年版，第178页。

工程，是围绕教学内容展开的多样、丰富的教学方法和手段等要素的有机统一过程。无论是启发讲授式教学方法、案例分析法，还是研讨式教学方法，都是教师传播法学知识和刺激学生接受学习的集合体。为了满足学生的学习需要，提高教学效果与教学质量，教师必须运用多种教学方法，才会激发出学生理论学习与实践参与的动力，能动灌输与启发创新的活力和教学内容与实际结合的能力。

概言之，教学方法的选择与运用对于研究生创新思维能力的培养至关重要。问题在于，受我国传统成文法的影响，法学教育传道授业解惑的过程更多地局限于书本、法条的注释，以一本教科书为教义，偏重于理论的传授，是教师的独角戏，而学生只是安静的观众。不能不说，单一僵化的讲授方式是每个高校的通病。这里，笔者并不是贬低讲授法的妙处，毕竟课堂活动脱离不开讲授法。它是指教师通过口头语言向学生描绘情景、叙述事实、解释概念、论证原理和阐明规律的教学方法。〔1〕反观我国高校法学研究生的教育方法，单一的讲授方法单调有余，多种教学方法汇集不足。退一步说，即便采纳普遍的讲授方法，也应该是引人入胜，而不是催人入睡。现实情况是，对学生听不听课置之不理，教师一味地照本宣科，片面单向地灌输知识。一位老师、一本书、一个多媒体课件主导整个教学活动，学生或者听或者记笔记，没有思考空间，没有拓展维度，没有参与互动。

（三）法律思维的困境

法律思维与教育手段联系紧密，法律思维的欠缺暴露出教育手段的不足。法学研究生教育侧重于培养法律人，即法官、检察官、仲裁员、律师、法律顾问、法律教育工作者，等等。作为法律人，区别于社会其他职业人的是其具有独特的法律思维。法律思维是怎样养成的？不可忽视的是学生在求学期间通过一定的教育手段渗透，接纳吸收规范性的训练，逐渐形成了分析社会问题

---

〔1〕 王伟廉：《高等教育学》，福建教育出版社2001年版，第227页。

的法律思维模式。目前，我国的法学研究生教育中欠缺法律思维方式的全方位训练，比如，在正规法学院校中很难找到促进法律思维养成的法学方法课程，更遑论专门培养法律思维课程的一席之地。许多法学研究生培养方案中几乎寻觅不到法律思维培养和训练的踪迹，学生普遍缺乏运用法律思维逻辑去研究和处理现实法律问题的能力，迷茫于如何运用法律规范，体现法律原则和精神。再比如，以法学研究生论文写作为例，常常缺少导师对论文写作方法的指导。通常，任课教师只布置论文作业，愿意怎么写就怎么写，论文质量高低不过问，最后只是由老师给个分数而已。教师无心传授论文的研究和写作方法，致使学生在论文的选题、资料的搜集、整理、论文框架结构、写作思路、内容挖掘过程中感到茫然和吃力，学生的思维处于封闭、凌乱、狭隘的状态，不能自觉运用一些有效的方法思考、研究法学问题，阻碍了学生分析问题和解决问题能力的提高。

综上所述，笔者认为，转变法学研究生教育手段是我国教育改革的关键一环，必须在改革的深水区继续稳步前行，不能瞻前顾后，阻碍改革的纵深发展。

二、必须开展高校法学研究生教育手段的改革

传统的法律教育奉行的是以传授为宗旨的知识中心模式，教学中重灌输记忆，轻独立思考，重知识的传承，轻自我的创新。[1]在新的历史机遇面前，旧有的单一传授方法无法满足时代之需。2014 年 10 月 20 日，中国共产党十八届四中全会召开，审议通过了《中共中央关于全面推进依法治国若干重大问题的决定》。《决定》提出，全面推进依法治国，总目标是建设中国特色社会主义法治体系，建设社会主义法治国家。为了实现宏伟目标，作为承担培养职业法律人的高等法律院校应该责无旁贷地负起历史的重任，必须在研究生培养手段、培养目标、培养方向、

〔1〕 许桂敏："论高校法律人才培养的教育观念"，载《铁道警察学院学报》2014 年第 3 期。

培养内容上全力出击，为形成完备的法律规范体系、高效的法治实施体系、严密的法治监督体系、有力的法治保障体系输送后备法律力量，共同推动依法治国、依法执政、依法行政的进程，合力建设法治国家、法治政府、法治社会。总之，全国高等法律院校必须站在国家战略高度，为了实现科学立法、严格执法、公正司法、全民守法，促进国家治理体系和治理能力现代化而不懈努力。新的机遇、新的治国方略是法学研究生教育手段改革的契机，教育手段的改革势在必行。我国法学研究生教育手段改革的必要性主要体现为：

（一）整体高素质法律人才的需要

党的十八大报告指出，教育是民族振兴和社会进步的基石，要坚持教育优先发展，全面贯彻党的教育方针，坚持教育为社会主义现代化建设服务、为人民服务，把立德树人作为教育的根本任务，培养德智体美全面发展的社会主义建设者和接班人，全面实施素质教育，深化教育领域综合改革，着力提高教育质量，培养学生创新精神。我国《教育改革和发展规划纲要》也指明，要进一步转变教育思想，改革教学内容和教学方法，克服学校教育不同程度存在的脱离经济建设和社会发展需要的现象。要按照现代科学技术文化发展的新成果和社会主义现代化建设的实际需要，更新教学内容，调整课程结构。加强基本知识、基础理论、基本技能的培养和训练，重视培养学生分析问题和解决问题的能力。研究生教育产生于社会对专业人才和专门知识的需求，是培养精而专的人才的渠道，是连接专门人才与社会需求的桥梁。所以，法学研究生教育手段的转变，是法治国家的完善、法治社会的进步、法治政府的实现的基础手段，是培养高素质法律人才的重要因素。

（二）教育手段先进化的需要

研究生教育是培养高层次人才的主要途径，是国家创新体系的重要组成部分。改革开放以来，我国研究生教育取得了重大成就，基本实现了立足国内培养高层次人才的战略目标。但总体上看，研究生教育还不能完全适应经济社会发展的多样化需求，培养质量与国际先进水平相比还有较大差距。特别是在全球经济一体化的大背景下，我国的法学研究生教育面临严峻的挑战。虽然当今世界存在英美法系、大陆法系等不同国家的法学教育培养模式，包括具有中国特色的法学教育培养机制，但是诸多的教育模式已经呈现出彼此吸收，扬长避短之势。我国的法学教育在坚守国情、保持特色的同时，应当借鉴国际上成功的法学教育经验，避免重蹈失败的覆辙，激流勇进，追赶上全球先进教育的步伐，实现振我法学教育之大业。

尤其是在国际形势风云变幻、我国服务领域逐步开放的情形下，我国的法律服务行业领域必将发生巨大而深刻的变革。社会呼吁更多的法律人适应全球化需要，国家更加迫切需要法律服务工作者以其丰富的知识和经验提供全面的、优质的法律服务。至此，法律服务工作者不单单是掌握一门传统法律知识即可，而必须是复合型的具有深厚功底的法律人才。当代社会对适应全球化的跨学科、跨体制、跨文化的高水平复合型法律人才的需求已经达到如饥似渴的程度。[1]时代的发展需要改革，需要更新陈旧的培养方式，需要将法学理论及时运用到实践中去。只有这样，我国的法学研究生教育才能适应经济全球化的趋势。

（三）研究生个体的全面发展需要

法学研究生教育追求的近期目标是实现理论和实践的结合，学以致用；较长远的目标是培养社会需要的具有全面素质的法律人才；根本目标是把学生培养成为高素质的优秀公民和高水平的法律职业工作者。法学研究生教育来源于法学本科教育，带有自身的多元化特点，是全面素质教育和法律专业教育的凝聚体。研究生个人综合素质的提高必然带动全体研究生整体素质的提升。故此，因材施教、因人而异、对症下药的多重教学方式具有得天独厚的优势。

---

〔1〕 艾琳："全球化视域下法学教育改革的思考"，载《教育科学》2014年第1期。

学生是培养对象，但不是沉默的大多数，而是学习的主人和参与教学活动的主体。教师在教学活动中采用各种不同的教学方式，有的放矢，容易调动学生学习的积极性、主动性，使学生在平等互动的交流中既自然地学到了知识，又得到了各方面的锻炼，独立、自主意识激增，智慧的火花不断闪现。正如有的学者所言，教育必须把个体的发展作为自由的终极目的，使学生在不同的价值观中实现自由的、充分的、完全的自我选择。[1] 2011年，教育部和中央政法委员会《关于实施卓越法律人才教育培养计划的若干意见》指出，搞好案例教学，办好模拟法庭、法律诊所等，培养造就一批信念执著、品德优良、知识丰富、本领过硬的高素质法律人才。可见，法学研究生教育手段的变革是诞生法律人才的助推剂。

三、改革高校法学研究生教育手段的具体措施

笔者认为，改革不是全盘废止、推倒重来，而是总结已有的高校法学研究生教育的经验，吸取教训，完善高校法学研究生教育的手段。其改革的具体做法，可以在削减已有的讲授方法的基础上，扩大案例教学法、诊所式教学法、研讨式教学法的比重。与此同时，为了配合教育手段的改革，可以适度控制法学研究生所学课程的门类与内容，加大法律思维培养教育的投入，以培养高素质法律创新人才为己任。具体而言，至少应从以下三个方面着手：

（一）改革目标与教育手段内在协调

我们认为，不能是为了改革而改革，法学研究生教育手段的改革归根结底是为了取得预定的成效。首先，通过改革使法学硕士研究生的培养方案更具科学性和合理性。研究生培养的目标是从知识向能力的转变。法学研究生将来从事的工作具有复杂多样性和很强的实践性等特点。分析错综复杂的案件时，不仅仅是单

[1] 唐爱民：《当代西方教育思潮》，山东人民出版社2010年版，第23页。

纯的理论分析，更重要的是感性和理性的高度统一，是法律研究和实践技能操作艺术的完美结合。这些目标都要求法学研究生不仅要有精细和宽博的知识储备，更重要的是要有管理和运用法律知识的能力。作为教师，“授之以鱼”是根本，但是在一定意义上，更重要的是要“授之以渔”，培养学生的学习技能比传授专业知识更重要。学生只有学会了“渔”，才能在复杂的竞争环境中，在未来的职业生涯中不断提高自身的核心竞争力。

其次，以社会需求为导向推进法学教育教学改革。当今的毕业生就业难是整个法学专业需要面对的问题。法学专业的培养方向必须面对实践，走向社会。学校不能成为与社会、与实践脱节的单纯的“运输站”。社会需求是法学专业人才培养的导向。法学院校在培养高素质人才的同时，更重要的是要向整个社会输送法律精英。法学研究生的培养方向应该完成从被动适应社会需求到主动适应社会需求的转变，应该主动调整教学的内容和方法。课堂的内容和课程设置不能仅仅以纯理论为主，应该加强法律实践的分量，重视培养研究生的实务应变能力。

最后，提高研究生的创新水平。创新能力是一种生产力，是一种运用理论和知识解决不断涌现的新问题的能力，是为理论研究和实践领域创造价值的新思想、新方法的能力。学术型法学研究生和应用型法学研究生的培养方向虽然不同，但是创新能力是两者都应该具备的。法学专业是一门综合型学科，与经济、历史甚至和理工学科都有着紧密的联系。真正的法律人才应该是综合型的人才，其中创新能力就是首要的条件。另外，当今的社会是一个纷繁复杂、瞬息万变的时代，经济社会的迅猛发展伴随着不断出现的新型的社会问题和法律问题，其更多的是对法学学生能力的一种考验。因此，法学研究生教育更应该把着眼点放在培养法学研究生发现法律问题、解释法律现象、独立提出解决问题的思路和见解的模式之上，注重理论创新和实践的结合。

（二）教育手段的增加与教学效果的高度统一

前文已经述及法学研究生教育存在的弊端与问题，此处着重提出教育手段改革的设想。

首先，在课程设置方面，加强理论课程和实务课程的双向发展。理论课程是基础，法学专业的研究生大部分终究要走进实践。完整、系统的理论知识体系的储备是应对解决实践中各种各样问题的基础，是开出实践之花的丰厚土壤。因此，不能忽视理论课程的作用，但传统的理论课程多以单纯灌输法学基础知识为主，缺乏与实践的结合。笔者认为，理论课程应该更多地体现多元化和创新性的内容，应当包括以下几个方面：应该关注法学研究生的全面化发展，期望法学研究生能独立扮演各种专业相关的职业角色；完整、系统的理论体系知识的储备，特别要重视理论知识的应用性；专业领域未来可能发展的方向；同时，培养方案中应当加入必要的法律实务课程，如果没有相关的实务课程，理论和实践的桥梁就不能很好地搭建。例如开设英美判例研究课的同时，应该对法学研究生中开展诊所式法学教育，法学院校应积极地与当地法院、检察院合作，让研究生直接参与案件的审理或其他法律实务活动。

其次，在教学方法方面，改变单一的教师主导教学方式，增强研究生的参与主动性。在独白式教学中，教师单纯地教学，学生单一地听讲，双方很少真正地交流互动。在整个教与学模式中，学生处于非常被动的位置，被动地接受老师灌输的知识和观点，很少有机会可以表达自己个性的观点和看法，学习的积极性也不高。如果多多增加研讨式教学、案例式教学、诊所式教育的方式，学生的学习热情将会大大提高。以研讨式教学为例，这种模式不是单纯的教与学的传统模式，而是老师提出问题，老师和学生共同收集资料和相互研究探讨，提出解决问题的思路和方法。这种教学方法强调的是教与学的互动和结合，师生之间的思想和观点的交流和启发。研讨式教学和法学思想本身的开放性和包容性是一脉相承的，这种教学方法有助于提升法学研究生运用和表达专业语言的能力、分析具体案件的能力，有助于培养严谨和敏锐的法律逻辑思维。同时，教师应认识到研究生与本科生的差别，研究生有一定知识水平技能。在运用研讨式教学方法时，应选择典型的热点案例。应先培养学生关注社会热点的习惯，然后提高学生分析问题的能力，培养学生的法律理性思维，从而从热点案例中启发学生发现和关注立法或司法中存在的问题。

最后，强化法学硕士研究生的实践创新能力，注重培养学生的自主性。创新能力是法学研究生在未来职业生涯发展的基础，学生未来不管从事司法实务工作，还是从事理论的研究和教学，都离不开创新实践能力。在教学过程中，要把培养研究生的创新能力作为核心目标，要充分启发和培养学生的自主学习和创造能力，学生在学习知识的过程中不应该是“旁观者”，而应该是“创造者”。例如，提高学生的创新思维能力和逻辑思维能力的有效方法之一就是让研究生作专题报告。这种方法可以培养学生的逻辑推理能力和法律语言表达能力，加强思与辩的领悟，有助于法学研究生对目前社会热点问题折射的法律现象进行深入思考，对当前的现行的法律法规进行深入探索和反思，提高理论创新和法律实践创新能力。同时，要在法学研究生的培养方案中增加应用型实践训练。应该多多增加司法工作人员走进校园讲述实践经验和法学研究生走进司法部门锻炼实践的机会，搭建校园和社会沟通的桥梁。

（三）教育手段改革的步骤与发展创新步调一致

笔者认为，教育手段改革的步骤应该与发展创新步调相一致，以法学研究生教育的灵活和创新为目标，应该加强理论课程和实务课程的双向发展，同时改变传统的独白式的教学模式，增加多样性和灵活性的教学模式，增加案例教学方式和诊所式教育手段。对于解决当前的法学研究生出现的知识创新能力不足、理论知识向实践转换能力不足、法律逻辑运用的能力不足等问题，这些措施将有很大的帮助。据此，需要逐一解决关键的疑难杂症，稳妥实施改革方案。

首先，利用案例教学，教学方式应该将理论和实践相结合。在教学方式的改革中，教师应该充分适用案例教学，在课堂上引导学生对当前复杂的社会现象进行分析和讨论，总结其中折射的法律现象，实现理论讲解和案例分析、双方观点讨论等方式有机的结合。通过对社会热点案例的讨论，解读案件对社会效益的影响，让学生运用逻辑思维进行独立的思考，反思当前相关立法、司法现状存在的问题。案例教学不仅可以使学生加强对整个法学理论体系的理解，也可以提高学生的综合能力，锻炼学生真实地表达自己的观点和看法，启发学生的法律逻辑思维。同时需要注意的是，过分地强调理论教学方式和强调案例教学都是不可取的、有失偏颇的，应该找到双方的有机结合点。

其次，教师要有意识地培养学生的自学能力和获取知识资源的能力。当今的时代是知识化、数字化的时代，知识和教学资源日益丰富，校园和课堂只是学生获取知识技能和资源的场所的一部分。所以，教师除了“授人之鱼”，更重要的是“授人之渔”。通过让学生熟悉多元化的获取知识的渠道，培养学生的自学能力。例如，教师可以向学生推荐法学专业著名学者的论著、有重要法学价值的网站和法律论坛等。

再次，不定期举行研究生学术沙龙、学术论坛活动和扩大诊所式法律教育规模。应该经常举办研究生学术沙龙活动，让学生有交换学术观点的平台，学生有机会在此自由表达自己的学术观点和思想，锻炼表达和交流能力，启发和碰撞思想的火花。不定期地举办研究生学术论坛活动，营造浓厚的学术氛围，引导学生积极参与。通过不同学术背景的知识和观点的交流和碰撞，有助于开阔学生的学术视野，启迪智慧，提高理论和实践创新能力。诊所式法律教育模式起源于美国，效仿医学院培养实习医生的形式，以实习律师学校代替法学院的教学模式。这种模式经过实践检验，是获取实务能力、实现理论和实际有益结合的一种有效的方法，现在已经被我国部分高校的法学院适用。针对我国的现实情况，诊所式法律教育可以通过实施法律援助、律所实习等途径来实现，学生在老师的指导下，自主代理真实案件，真正参与司法的整个运行过程。

最后，热情鼓励研究生自主作专题学术报告。抛弃“满堂灌”的传统教学模式，摒弃学生被动地接受知识的教学模式，重视培养学生的自主学习热情。研究生在课堂上自主地作专题报告就是一种提高学生思维水平和创新水平的有效途径。教师可以在教学过程中，将所要教授的知识划分为专题模式，以系列专题为主线，让学生针对专题提出问题、分析问题并提出解决问题的方法，充分提高学生自我创新能力和思辨能力，培养学生运用专业知识解决实际问题的能力。

课堂与教学

CURRICULUM AND TEACHING

试论法学教材质量评价标准

◎ 阚明旗*

内容摘要： 随着法学教育的发展，法学教材的品种也越来越多，法学教材品种增加的同时，较多质量不高的教材也随之出现，如何保障法学教材的质量就成为我们不得不面对的问题。本文通过分析、论述法学教材的质量评价标准，来呼吁广大法学教材编写者和出版者，在教材编写和出版过程中，要紧紧围绕法学专业人才培养目标，编写和出版一批高质量的法学教材，以达到提高教材质量、为读者奉献优质学习读物的目的。

关键词： 法学教材；质量；评价标准

随着“建设社会主义法治国家”这一目标的提出，作为法治化基础的法学教育得到了迅速的发展，法学教育逐渐成为我国现代化民主进程的重要组成部分。特别是党的十八届四中全会审议通过《中共中央关于全面推进依法治国若干重大问题的决定》以来，依法治国被赋予了新的内涵，明确提出了“创新法治人才培养机制”的新要求，这必将促进我国法学教育事业迎来新的春

* 阚明旗，男，中国政法大学出版社社长助理兼第一编辑部主任。

天。与我国法学教育事业的飞速发展相伴，作为法学教育知识载体的法学教材也取得了长足的发展，法学教材的品种和数量越来越多。

面对法学教育事业快速发展的现状，许多政法院校不顾自身的师资状况，都开始大批量地组织教师编写法学教材；许多没有法学教材出版能力的出版社纷纷出版法学教材；一些有法学教材出版能力的出版社也盲目增加教材品种，只追求教材"量"的增加，而不注重教材"质"的提高。在这种情况下，难免会有一些质量不高的教材充斥市场，使法学教材的整体质量每况愈下。因此，如何保障法学教材的质量就成为我们不得不面对的问题。如何保障法学教材的质量？首先要求我们对法学教材质量评价提出一定的标准。在我国，对于教材的质量评价并没有一个成熟、详细的规范，原国家教育委员会在《高等学校教材工作规程（试行)》中提出了有关教材质量评价的原则性规定，本文在此基础上，借鉴有关学者的研究[1]和国内一些高校有关教材质量评价的规定，进一步总结、分析法学教材质量的评价标准。

一、教材及法学教材的界定

（一）教材的界定

国内外学者和研究机构虽然对教材的概念进行了很多探讨，但是对于什么是教材，至今尚没有一个权威的定论。他们对教材的不同认识反映出了他们各自不同的教材观。

德国学者施穆克认为，教材是学校在教育工作中根据各州教学大纲，从一定的教育观点出发为学生提供各别学科活动素材的辅助手段。[2]苏联学者则强调教材是教学过程中所不能缺少的最重要的教学手段，以为教材是根据教学大纲并考虑学生掌握知识

〔1〕 本文参考了天津工业大学卢淑琴等在《加强高校教材质量管理的研究》一文中提出的"评价高教教材质量的指标体系"。

〔2〕 钟启泉编著：《现代课程论》，上海教育出版社1989年版，第691页。

在年龄上的可能性规定教材的内容。[1]美国学者对教材的认识则比较广泛。例如，《美国大百科全书》将教材定义为：从严格的意义上讲，教材是为了学习的目的通过编制加工并通常用简化的方法介绍主要知识的书。[2]美国学者戈温认为，教材是作为教育工具的“书”，其特性是：作为好的思维情感的媒介；作为具有潜能可促使新事件发生的过去事件的记录；作为思想或过程的权威记录；作为概念或知识（信息）实体的编制者；作为增加意义和丰富经历的刺激物。[3]美国著名哲学家、教育家杜威认为，教材是人类行为经验的方法，是关于一切自然和社会现象的解释，或者说是对于宇宙和人生的各种实体的说明。因而，教材是在一个有目的的情境发展过程中所观察的、回忆的、阅读的和讨论的种种事实，以及所提出的种种观念。[4]

我国有学者认为：“教材是学校教学过程中，教师和学生使用的知识信息材料。”[5]《中国大百科全书·教育》是这样定义教材的，“教材，一般有两种解释：①根据一定学科的任务，编选和组织具有一定范围和深度的知识和技能的体系。它一般以教科书的形式来具体反映。②教师指导学生学习的一切教学材料，它包括教科书、讲义、讲授提纲、参考书刊、辅导材料以及教学辅导材料（如图表、教学影片、唱片、录音、录像磁带等），教科书、讲义和讲授提纲是教材整体中的主体部分”[6]。

纵观国内外学者和研究机构对教材所下的定义，我们不难看

---

〔1〕［苏］巴拉诺夫等编：《教育学》，李子卓等译，人民教育出版社1976年版，第140页。转引自曾天山：“国外关于教科书功能论争的述评”，载《西南师范大学学报（哲学社会科学版）》1998年第2期。

〔2〕周士林：“世界教科书概况”，载《教材通讯》1985年第6期。

〔3〕［瑞典］托斯顿·胡森、［德］纳维尔·波斯特尔威斯特主编：《简明国际教育百科全书·课程》，江山野等编译，教育科学出版社1991年版，第129页。

〔4〕［美］杜威：《民主主义与教育》，王承绪译，人民教育出版社1990年版，第192页。转引自胡玉鸿：“试论法学教材的编写目的”，载《华东政法学院学报》2004年第3期。

〔5〕王祖发编著：《教材管理学》，西南交通大学出版社1991年版，第45页。

〔6〕《中国大百科全书·教育》，中国大百科全书出版社1985年版，第144页。

出，关于教材的概念可谓是仁者见仁、智者见智，他们都从各自的理解对教材的概念进行了阐述。笔者认为，对教材应作广义与狭义的区分。狭义的教材就是指教科书，它是根据某一学科课程的教学目标，由专业人士选编和组织的有一定范围和一定深度的知识与技能的体系。而广义的教材是指教师指导学生学习的一切与教学相关的材料，其不仅包括教科书、讲义等主教材，而且还包括教学参考书、习题集、学习导读等教学辅助材料以及随着现代化教学手段的使用而出现的录像片、磁带、光盘、电子教案、CAI 课件、电子图书等多媒体资料。随着教育事业和教材建设的不断发展，教材的内涵和外延都在不断扩大，教材的形式也在不断增加。

因此，笔者认为，对教材的概念可以做如下界定：教材应当是根据一定的学科教学任务而编写的，体现该学科最基本的概念、原理和知识并能指导教学和实践的，包括主教材、辅助教材和多媒体资料在内的各种资料的总称。

（二）法学教材的界定

法学教材属于教材这个大概念的一个分支，按字面意义理解，其就是应用于法学教育的教学资料，它除了具备各种教材所共有的一般性之外，还具有自身的一些特性。要想准确界定法学教材的概念，就要从法学教育的主要内容以及法学教学的目的入手，对法学教材有一个清晰的把握。

因此，笔者认为，对于法学教材应在教材的一般概念基础上，结合法学教育的主要内容做如下界定：法学教材应当是根据法学学科的教学任务而编写的，体现法学学科最基本的概念、原理和知识并能指导法学教学和实践的，包括主教材、辅助教材和多媒体资料在内的各种法学教学资料的总称。

（三）法学教材在法学教育中的重要地位

法学教材作为体现法学专业教学内容和教学方法的知识载体，是教学体系必须具备的实质性因素，是进行教学的基本工具，在整个法学教育体系中占有重要地位。

无论在国内还是国外，教材作为一个重要的教学媒介，对教学质量和水平有着直接的重大影响，是教学的基础。正如美国学者多伦所说："这个国家若没有教科书是难以想象的，其实是不可能的；从第一本识字课本到最边缘科学体系的教科书，从盖有透明胶片的儿童识字课本到图解指南，教科书在我们的日常生活中一直处于中心的支配地位。从形式上说，这些教科书不仅是我国教育工作的共同标准：一种向无数方向扩展，但这里是基础或根基的东西。"[1]法学教材作为教材的一种也不例外，法学教材是法学学科知识体系的高度概括和总结，是学科理论研究成果和教学实践经验的精华，其既是对法学教学基本内容的必要划定，又是教师进行教学的主要依据，还是学生学习和掌握法学知识的重要载体。从我国目前的法学教育状况来看，一个法学专业的学生在大学期间至少要阅读三四十本法学教材，这充分显示出了法学教材是法科学生学习和掌握法学基本知识的重要媒介，充分体现了法学教材在高等法学教育中的重要地位。

二、法学教材质量评价标准

教材质量是教材建设的核心，要进行教材建设就必须确保教材的质量。对教材质量进行评价必须有一个明确的质量评价标准。早在 1988 年，原国家教育委员会颁布的《高等学校教材工作规程（试行）》就明确提出了有关教材内容质量评价的原则性标准，该《规程》第 8 条规定："新编著的教学用书要努力反映教学改革中的新经验和科研成果，努力提高教材的思想性、科学性、启发性，适合我国情况的先进性和教学上的适用性。"[2]笔者认为，法学教材的质量评价标准除了应当包括上述思想性、科学性和教学上的适用性等内容评价标准外，还应包括图文技术水

---

〔1〕 曾天山："国外关于教科书功能论争的述评"，载《西南师范大学学报（哲学社会科学版）》1998 年第 2 期。

〔2〕《高等学校教材工作规程（试行）》，国家教育委员会 1988 年 11 月 5 日颁布实施。

平这一评价标准。

（一）思想水平的评价标准

1. 指导思想的正确性

法学教育承担着培养法律人才、传播法学知识、弘扬法治精神、培养法律道德的重要任务，其必须坚持正确的思想导向。法学教材作为法学教育的基础必须坚持以邓小平理论、“三个代表”重要思想和科学发展观为指导，运用马克思主义的立场、观点和辩证唯物主义、历史唯物主义的方法，全面、准确地阐述社会主义法学的基本概念、基本理论和基本知识，指导学生分析、解决现实中的法学问题。法学教材必须坚持正确的理论导向，坚持为社会主义服务、为人民服务的方针，不能出现政治性错误和政策性错误。法学教材的编写应从我国社会主义市场经济对法律人才需求的实际情况出发，在内容上强化对学生进行法律职业的理想信念教育。通过教材的学习，使学生成为政治立场坚定、思想道德素质高、专业知识扎实、具有开拓创新精神和富有人文关怀的高素质法律人才。

2. 学术思想的导向性

法学教材是鲜明法学学术思想的体现，一部优秀的法学教材应当是编写者学术研究成果和教学实践经验的总结，应当具有鲜明的学术思想、成熟的研究方法、完整的结构体系和丰富的知识内涵。有些教材甚至是倾注了某位学者毕生的精力才得以完成，例如，我国台湾地区著名法学家史尚宽先生的《民法总论》、我国著名行政法学家王名扬先生所著的被称为“外国行政法三部曲”的《英国行政法》、《法国行政法》和《美国行政法》。这些教材一方面反映了学者们数十年的研究方向，另一方面也反映了学者们在某一学科领域的研究成果和经验总结。一本内容上拼拼凑凑、结构上松松散散、体系上杂乱无章的法学教材，不仅不能给学生以启发，反而会误导学生；而一本学术思想鲜明、实践经验丰富的法学教材，不仅能够体现作者鲜明的学术思想，使学生获得丰富的法学知识，更重要的是有利于培养学生的逻辑思维能力和发散思维能力，有利于培养学生严谨的治学态度和求实的治学精神。一部优秀的法学教材，其学术思想导向性是显而易见的。

（二）科学水平的评价标准

1. 内容的准确性

针对本科生的法学教材应当做到概念清晰、准确，观点合理、鲜明、确定，论述严密、透彻，反映客观规律。笔者认为，法学教材中的学说、观点应该以法学界普遍认同的通说或者主流观点为主，而对于作者的个人见解或者其他非通说、非主流的观点简要论述即可，不应当在教材中片面夸大作者的个人见解或者非通说、非主流的观点，更不应当以个人见解或者非通说、非主流的观点代替通说或者主流观点，不能把教材当作宣扬个人学术观点[1]的阵地，以免本科生在学习法学入门知识时主次不分、发生混淆。

笔者通过对大量法学教材的研究以及对中国政法大学、西南政法大学、西北政法大学、中南财经政法大学、华东政法大学、山东大学法学院、山东政法学院等院校的法科学生进行调查了解到，目前多数出版社出版的法学教材在内容的准确性方面做得还是比较好的。例如，中国政法大学出版社出版的高等政法院校法学主干课程教材、普通高等教育“十一五”国家级规划教材，北京大学出版社和高等教育出版社联合出版的面向21世纪课程教材——全国高等学校法学专业核心教程教材等，这些教材虽然在形式上沿袭了传统教材的特点，没有什么独特之处，但其在内容上做到了概念清晰、准确，学说和观点以法学界的通说和主流观点为主，准确地阐述了法学的基本概念、基本原理和基本知识。

2. 适合学科发展水平的先进性

一部优秀的法学教材要尽可能反映国内外相关研究领域的最新理论、最新观点、最新动态和最新方法。适合学科发展水平的

---

〔1〕 当然，此处的“个人学术观点”指的是非通说、非主流的观点。

先进性这一评价标准要求法学教材的编写者要始终处在其所研究领域的前沿，有较高的学术造诣，有鲜明的学术思想和丰富的教学经验，使其编写的教材具有与学科发展水平相一致的先进性。当前，法学教材质量不高的首要原因在于编写者的思想陈旧、知识体系陈旧、教材内容缺乏先进性。要想改变这一现状必须做到以下两个方面：①法学教材的编写者一定要使自身的学术水平达到相应的高度，要及时了解我国的立法动态，掌握新颁布或新修订法律的基本情况，努力使教材体现出本学科领域得到普遍认同的最新理论观点、最新研究成果以及最新法律规定，确保教材的时效性；②在教材的编写过程中还要注意吸收国内外相关研究领域先进的法学理论、最新的学术动态，介绍国外相关方面的立法情况，用以丰富我们教材的内容，提高我们教材的质量。

3. 理论体系的系统性

法学教材应当具有反映本学科基本内容、基本原理和基本知识的系统理论体系。该理论体系应当系统、全面，但是内容不要艰深晦涩，以能够使学生获得系统的法学基础知识，形成系统的知识结构，掌握基本的原理和方法，为其将来的学习和研究打下坚实的基础为最佳。

另外，法学教材还应当具有整体性和关联性，注意本学科体系的完整性，先修与后续课程之间的衔接以及各章节之间的呼应。法学教材的内容是一个完整的知识链，不是彼此孤立，相互之间没有逻辑关系的、简单的知识组合。目前，我国的法学教材大多是在“主编负责制”的模式下，由诸多学者合作编写而完成的，只有极少一部分教材采用“独著”的形式由一名作者独立完成。由于不同的学者对于某一法学问题的观点并不完全相同，学者的行文写作风格各异，在一本教材中汇集众多学者编写的内容，就很难保证教材内容的统一、严谨。这样就很容易造成教材在内容方面出现前后矛盾的现象，进而导致理论体系缺失系统性。因此，笔者认为，一本教材的编者不能太多，最好由一位作者独立完成，但是，在某些情况下确实需要几位作者共同合作才能完成一部教材，在这种情况下，主编一定要负起责任做好统稿工作，只有这样才能确保教材理论体系的系统性。

4. 理论与实践的统一性

法学是一门应用性、实践性很强的学科，法学教材作为法学教育的基础应当做到理论与实践的统一，在法学教材的编写过程中不应一味强调理论而忽视实践。笔者认为，教材中的理论固然重要，培养学生的理论素养能够提高其分析问题、解决问题的能力，但这只是理论上的设想，不是现实生活中的实践经验。纯粹的理论假设与现实生活的多样性、复杂性是有一定差距的，其并不一定能够完全适应实际生活的需要。

法学教材只有做到以下两个方面，才能真正实现理论与实践的统一，其才是一本质量合格的教材：①在法学教材的编写过程中，不应一味强调理论性的知识，在讲解理论性知识的同时必须加强其与现行法律、法规的结合，做到理论性知识与现行法律法规的统一；②在对理论性知识进行讲解的过程中，应尽量加入一些能够反映现实生活的案例，这样既有助于学生对理论性知识的理解、加深其记忆，又有助于提高学生的专业素养和解决实际问题的能力。

（三）符合教学水平的标准

1. 内容的确定性

法学教材内容的确定性就是法学教材应当包括哪些内容，什么样的内容应在教材中有所体现。从内容上来说，法学教材应当包括最基本的概念、原理和知识，它是一个适用于法学人才培养的知识体系。作者在编写教材的过程中，应尽量围绕法学的基本概念、基本原理和基本知识来进行，做到选材合理、内容充实、分量适当，在广度和深度上满足教学大纲的要求。传授法学基础知识是法学教学的基本任务，学生对法学专业知识是一种系统化的学习，法学教材如果一味追求高、难、深，那么就很难适应法学教学所保持的系统性和基础性的特点。因此，无论是从法学教学的基本要求，还是从学生的接受能力以及培养他们的学科兴趣来讲，法学教材都应当以法学的基本概念、基本原理和基本知识为基础。

在讲解法学基本概念、基本原理和基本知识的同时，法学教材还必须联系我国的立法实际，把我国现行的与该学科相关的法律、法规适当充实到法学教材中去。法学专业各学科的知识内容是不能脱离法律、法规而存在的。因此，法律、法规的立、改、废都应当在教材的基本内容中及时体现出来，否则，就会造成教材的基本内容与国家现行的法律、法规相脱节，这样，教材的基本内容就失去了其本身必须具备的准确性与时效性。

2. 结构的完整性

法学教材的结构包括外在的框架结构和内在的逻辑体系结构。要保持教材结构的完整性，不仅要保证其外在的框架结构完整，还要保证其内在的逻辑体系结构完整。

任何教材要想保持外在的框架结构的完整性，一般都应当包括以下内容：绪论以及各章节，各章节又包括内容提要、正文、复习思考题和小结等，另外，一部结构完整的教材还应包括参考文献、数据图表资料等。法学教材也不例外，其也应该包括上述内容。

法学教材内在的逻辑体系结构完整要求教材各部分必须紧密联系、环环相扣，体现出行文的连贯性和逻辑性。此外，法学教育的一个显著特点就是注重应用性和实践性，这就要求法学教材中应有适当的实践性内容，教学案例是法学教材实践性内容的最好体现。案例教学在法学教育中具有非常重要的作用，其有利于培养学生分析问题、解决问题的能力。因此，在法学教材中设置适当的教学案例是确保教材结构完整性的重要举措。

3. 教学的适用性

法学本科教材所面对的主体是从未接受过系统的法学教育，而今后又将从事法学研究或者法律实务工作的学生。因此，怎样使他们通过教材掌握法学的基础知识，从而为其进一步学习、研究和应用法律打下良好的基础，成为法学教材所要面对的一个问题，这是法学教材教学适用性的一个方面。所以，法学教材的编写应当符合学生的认知规律，在概念的引入上应遵循循序渐进、深入浅出的规律，力求对学生有一定的启发性。这就要求法学本科教材在内容方面要深度适中，涉及的范围、广度要适宜。这样，法学教材才能符合内容上的教学适用性。

法学教材教学适用性另一个方面就是：教材的篇幅必须与教学课时相适应，不能过分地扩大教材篇幅。每部教材的篇幅都是有限的，如果一味求深、求全就会使教材的篇幅无限扩大，无论从老师授课来看，还是从学生学习来看，篇幅适中的教材才是最佳的教材。

（四）图文技术水平标准

1. 文字准确精练、语言流畅易懂

法学教材的叙述方式虽然与文学的叙述方式不同，但是，其也应做到文字准确精炼、语言流畅易懂。无论是教材的内容，还是编著者的思想，都需要借助于语言文字进行表达。评价教材语言文字的表达情况，主要是看语言是否通顺、流畅、简单、明了，文字运用是否准确、精练。教材的语言文字表达不同于学术著作，应尽量避免晦涩难懂的语言。法学教材所使用的语言应当具有规范性、专业性和技术性，力求用最精练的法律语言表达最深刻的法律思想。

文字准确精练、语言流畅易懂，在一定程度上控制了法学教材篇幅的大小。在图文技术水平标准的要求下，通过语言表达及文字运用的适当性要求，达到教材篇幅的有效控制也是教材质量的保证。

2. 合理使用图表

在法学教材中，对于一些不易用文字讲解的理论知识，应当适当配备图表进行讲解。图表能够很好地归纳、梳理某一问题，使之体系清晰、简洁明了，便于学生学习、掌握和记忆。另外，图表比较直观，一些用文字不易说明的复杂的理论，如果利用图表就会很容易地直接表达清楚，这样既可以使枯燥的理论内容变

得生动有趣，又可以使复杂的法律关系简单化。

由于有些法学理论内容比较复杂，较难用文字清晰、直观地表达出来，所以，在法学教材中使用图表来解说相关理论性内容，是一种非常直观、有效的方法，有助于学生理解教材的内容。这也是笔者把合理使用图表作为评价教材质量标准的原因。

3. 印刷清晰、装帧精美

评价法学教材的质量，不仅包括教材内容上的评价标准，还应包括形式上的评价标准，主要是指教材在纸张选择、装订、印刷、版式设计和封面设计上应当具备一定的质量要求。

在纸张的选择上，应以印刷清晰、耐久使用为标准，在成本允许的范围内选择质量较好的纸张进行印刷。法学教材通常选用 60 克或者 70 克的胶版纸进行印刷，效果较好。在装订的要求上，应当力求结实、耐用，将法学教材使用周期长的特性考量进去，保证在教材的使用过程中不出现脱落、掉页的现象。在印刷的要求上，一方面应当与纸张的选择相关联，印刷的效果与用纸的质量密切相关；另一方面在印刷质量上必须遵循清晰、不透页重影、不掉色的原则。在封面设计上，大方、得体、新颖应作为衡量封面质量的标准之一。“精美”既包括图形设计、宣传用语上的精致性，也包括色彩选择、样式搭配上的美观性。

三、结　语

法学教材是体现法学教学内容和教学方法的知识载体，是法学教育的基础。法学教材承载着法学教育的教与学，是教与学的纽带和桥梁。法学教材在内容上的导向性影响着法学教育目标的实现，法学教材理论性的强弱影响着学生法学学术底蕴的深浅，法学教材实践性的强弱影响着学生运用法律解决实际问题能力的高低。由此可见，法学教材质量的高低，不仅影响着法学教学质量的好坏，而且还决定着法学人才素质的高低。

目前，我国法学教材的整体质量还不高，有些教材严重影响了法学教育的质量。因此，本文力图通过阐述法学教材的质量评价标准，来呼吁广大法学教材编写者和出版者，在教材编写和出版过程中，要紧紧围绕法学专业人才培养目标，编写和出版一批高质量的法学教材。希望本文能够抛砖引玉，引起更多的从事法学教育和法学教材出版工作的专家、学者关注和研究法学教材的质量问题，从而进一步提高法学教材的质量。

创新知识产权法律硕士人才培养的实习规划探讨*

◎黄　汇　冯俊伟**

内容摘要：“高层次、复合型、应用型”知识产权法律硕士人才培养的目标定位，客观上要求高校突出重视实习在该类人才培养中的必要性和重要性。然而，囿于制度的缺失及现实的矛盾，知识产权法律硕士的实习仍面临诸多问题。为此，建议国家、企业、高校及学生自身各尽其能，共同构筑起体现知识产权法律硕士人才培养特点的实习规划体系，高起点培养知识产权法律硕士人才的实践能力。

关键词：知识产权；法律硕士；培养模式；实习创新

2014年8月31日，十二届全国人大常委会第十次会议表决通过了全国人大常委会《关于在北京、上海、

---

* 基金项目：本文系笔者主持的重庆市研究生教育教学改革研究项目“创新知识产权法律硕士人才培养模式研究”（项目编号：yjg123002）的阶段性成果。

** 黄汇，男，西南政法大学知识产权学院副教授，硕士生导师，法学博士，教育部重点人文社科研究基地中南财经政法大学知识产权研究中心博士后，主要从事知识产权法的教学与研究工作。冯俊伟，男，西南政法大学知识产权学院2013级知识产权法专业硕士研究生。

广州设立知识产权法院的决定》。这一《决定》的通过使我国知识产权法律人才，特别是具有实践动手能力的高级知识产权法律人才显得更为紧俏。知识产权法律硕士人才作为我国高级知识产权法律人才的来源之一，对其培养的重要性不言而喻。

2006年教育部下文正式批准北京大学、中国人民公安大学、中国社会科学院、华中科技大学等高校招收知识产权专业的法律硕士。八年来，我国知识产权人才培养口径逐渐拓宽，国家急需的复合型高级知识产权人才数量逐年提升，为我国建设"创新型国家"和"国家知识产权战略"的有序推进奠定了良好的人才储备基础。看到进步的同时，我们必须承认，我国知识产权法律硕士人才的培养还处于初级阶段，在许多方面都还存在着严重的缺陷，亟待完善。针对现存的缺陷，部分学者从知识产权法律硕士人才培养的总体思路方面进行了详细的论述，而有关知识产权法律硕士的实习规划却少有提及。笔者认为，根据知识产权法律硕士人才乃"高层次、复合型、应用型"人才〔1〕的定位，实习是知识产权法律硕士人才培养的重要环节，是实现知识产权法律硕士人才培养模式从"学术型"转向"专业型"的桥梁。

一、知识产权法律硕士人才实习的必要性与重要性

根据现代汉语词典的解释，所谓实习是指"把学到的理论知识拿到实际工作中去应用和检验，以锻炼工作能力"〔2〕。这一解释对实习在理论学习和实际工作之间的桥梁作用进行了很好的阐述。长期以来，我国知识产权法律硕士人才的培养大多依托于各大高校知识产法学教育，重理论而轻实践。但知识产权作为一门实践性较强的学科，与经济、管理、科技和企业的发展密切相关。因此，在知识产权法律硕士人才的培养工作中，实习显得尤

〔1〕 曹丽琴、张希华："知识产权法律硕士教育模式的完善研究"，载《黑龙江省政法干部学院学报》2011年第6期。

〔2〕 梅锦："高校教学实习权的保障研究"，载《宁波大学学报（教育科学版）》2014年第4期。

为必要和重要。

第一，知识产权法律硕士的实习是高校检验学生理论学习水平以及完善教学内容的需要。“纸上得来终觉浅，绝知此事要躬行”，理论知识只有拿到实践中去检验，才能领悟其中真谛，也才能更好地掌握它。“近年来，随着我国研究生招生规模的不断扩大，在校研究生的数量越来越多，导致在我国研究生教育复苏时期尚存的一位或多位导师共同培养一个研究生，采取讨论式的教学方式又回归到了本科生大课教学方式时代”。〔1〕再加上，法律硕士大多没有法学本科背景，授课教师忙于把法学基础理论知识灌输给学生，师生之间鲜有时间相互讨论学理问题、交流学习心得、发表个人观点。就授课教师而言，无法获知学生对理论知识的掌握程度；就研究生而言，无法明了自己对理论知识的应用能力。这种培养模式的弊端在于，其所培养的知识产权法律硕士人才与知识产权法学硕士人才并无二致，表现为长于理论而拙于实践。理论知识不能很好地得以检验，知识产权法律硕士“高层次、复合型、应用型”人才的培养目标也就很难实现。因此，高校有必要通过安排知识产权法律硕士人才进行实习，来检验学生理论知识的学习水平，并通过学生在实习中所暴露的问题来促进教学内容的完善。

第二，知识产权法律硕士的实习是高校完成研究生教学任务的需要。2006 年教育部出台《法律硕士专业学位研究生指导性培养方案》（以下简称《方案》）规定“考虑到法律硕士专业学位研究生没有法律专业教育背景，也没有法律职业实务背景，所以进行相应的实务课程性质的必修环节”并且规定“实践必修环节的学分为 12 学分”〔2〕。该《方案》只是规定了最低数量的学分限制，法律硕士研究生要想顺利毕业并且成功拿到学位证书，必

---

〔1〕 郝明君：“研究生教学模式改革的理论与实践探究”，载《重庆师范大学学报（哲学社会科学版）》2009 年第 3 期。

〔2〕 “法律硕士专业学位研究生指导性培养方案”，载 http://ge.lzu.edu.cn/zyxw/zzss/201106/1613.htm，访问日期：2014 年 11 月 9 日。

须修够至少 12 学分的实践课程。而实习是法律硕士研究生在校学习期间最重要的实践方式，高校为完成教育部的该项教学任务，当然有义务来安排学生实习。

第三，知识产权法律硕士的实习是学生积累社会经验，增加就业砝码的需要。根据我国目前的招生政策，只有通过全国硕士研究生统一考试并经过培养单位复试选拔的具有国民教育序列大学本科或具有本科同等学力的毕业生才有资格攻读知识产权法律硕士。这就意味着，按照我国现行的学制和学年计算方法，大约需要至少 16 年的时间才能取得这一资格。而对于大多数知识产权法律硕士研究生来说，他们的社会经验是匮乏的。但与之相对立的是，用人单位在进行招聘时却要求应聘学生具有一定的工作经验，再加上知识产权是一个实践性较强的学科，用人单位在这方面往往有更高的要求。为此，安排知识产权法律硕士进行毕业前的实习，既锻炼了他们的社会交往能力，又积累了一定的社会经验，增加了他们就业的砝码，同时还有利于加快我国“高层次、复合型、应用型”知识产权法律人才的培养进程。

概言之，对高校来说，学生参加实习，不仅可以填补本身教学过程中的不足，实现教与学的统一，亦有利于展现高校服务社会的职能。对知识产权法律硕士研究生来说，实习不仅可以检验自身的理论学习水平，把所学用于实践，亦有利于自己接触社会，查找自身不足，学到象牙塔之外的生存技巧。

二、知识产权法律硕士人才实习存在的主要问题

知识产权法律硕士作为法律硕士培养方案中的一个重要方向，法律硕士实习中所普遍存在的问题也是知识产权法律硕士实习中所存在的问题。因此，此处将对整个法律硕士实习中所存在的问题进行概括。

2011 年 12 月，教育部与中央政法委员会联合颁布了《关于实施卓越法律人才教育培养计划的若干意见》。该意见要求强化法学实践教学环节，不仅要加强校内实践环节，还要充分利用法

律实务部门的资源，建立一批校外教学实验基地。然而，这毕竟只是一种理想的状态，法律硕士研究生实习的组织中，还面临着诸多现实问题。概括起来主要是“‘难’、‘散’、‘浮’、‘假’、‘偏’五个方面。‘难’主要是指学校找实习单位难，学生找实习岗位难，这是当前学生实习方面存在的最大问题；‘散’主要是指总体上看高校学生实习活动分散而混乱，学校没有固定的实习单位，学生只能‘自谋出路’；‘浮’是指学生实习难以深入企业生产等环节，实习效果差；‘假’是指假实习，根据零点调查公司的数据，中国仅有11.7%的学生拥有实习经历；‘偏’是指学生实习的目的和形式偏离了实习的真正目的和要求。实习本来是提高学生实践动手能力、培养创新意识和创新精神的重要教学环节，越来越多的学生却把实习当成找工作、获得学分或者纯粹的打工挣钱”。[1]

三、知识产权法律硕士实习存在问题的原因分析

如前所述，包括知识产权法律硕士在内的整个法律硕士的实习，都不同程度地存在“难”、“散”、“浮”、“假”、“偏”的问题，结合知识产权学科的特点，其原因可以概括为制度和现实两个方面。

（一）制度方面的原因

1. 企业提供实习岗位缺乏有效的制度规制

我国调整高校实习方面的法律规范较少，更没有法律明文规定企业在接待实习生方面负有义务。1964年8月，中共中央、国务院发布的《高等学校毕业生劳动实习试行条例》带有明显的时代烙印，已经不能适应当前实际了。[2] 近年来，部分地区出台的地方性法规中也只是对企业接纳学生的实习行为进行了倡导性的

---

〔1〕 相关论述参见孙凯、曾庆吉：“全日制专业硕士实践教学研究——以教育硕士实习为例”，载《成功（教育）》2012年第3期。

〔2〕 都昌满：“高校学生实习：问题分析与解决途径”，载《高等工程教育研究》2010年第5期。

规定，如2010年广东省出台的《高等学校学生实习与毕业就业见习条例》第8条第3款规定，"其他企业事业单位、社会团体及社会组织应当为学校组织的学生实习活动提供帮助和便利"[1]。由于缺少法律的强制性规定，是否接纳学生实习完全是企业的权利而非义务。因此，包括知识产权法律硕士在内实习难的问题也就不难理解了。

2. 高校有关实习管理的制度不合理

首先，管理松懈，监管体系不健全。由于前述原因，一些高校找不到与教学相对接的实习单位，实习单位完全由学生自己找；即便有的高校找到了供学生实习的单位，学校也未对实习学生严格监管。其次，管理模式单调。有些高校的实习方式仍延续过去的做法，表现为成批次、短时间、集中式进行，没有考虑实习单位的实际接纳能力。最后，教学计划安排不合理。以笔者所在的西南政法大学为例，知识产权法律硕士的研究生实习一般安排在研三，这一时期很多研究生面临找工作、写论文等压力，根本无心实习。自然，实习效果也不会很好。

3. 研究生实习学分制流于形式，缺乏有效的效果检验机制

前述《法律硕士专业学位研究生指导性培养方案》虽然明确规定了法律硕士专业学位研究生的实习学分制，但由于实习的效果不能像理论知识那样通过纸上的东西去展现，因此实习学生是否达到了获得实习学分的水平，实际上很难把握。而由于没有一个客观的评判标准，法律硕士研究生的实习很多时候就难免流于形式，实习所起到的效果也就不甚了了。

（二）实践方面的原因

1. 实习的临时性，企业的知识产权难以保护

随着经济全球化过程的推进，企业之间的竞争越来越表现为企业核心知识产权的竞争，企业亦越来越注重核心自主知识产权的保护。而知识产权法律硕士人才要想进入企业，并使所学知识

---

〔1〕 梅锦："高校教学实习权保障研究"，载《宁波大学学报（教育科学版）》2014年第4期。

产权理论知识得到应用，必然要接触这些内容。考虑到实习生并非正式员工，企业出于自身安全的考虑，不愿给知识产权法律硕士人才以实习的机会。

2. 实习的短期性，企业难以获得相应的经济价值

根据目前许多高校对知识产权法律硕士的实习教学安排，实习期一般是 1—3 个月，与一般法学硕士研究生的实习期相比，知识产权法律硕士的实习呈现短期性的特点。而在企业中，新进员工较为熟练地掌握一定的工作技能，并为企业创造相应的经济价值往往需 3 个月甚至更长的时间。[1] 因此，在实习关系中，知识产权法律硕士追求掌握实践技能的目标，与企业追求利润最大化的目标之间的矛盾难以调和。另外，由于实习阶段的研究生并没有毕业，许多实习企业还承担了实习生的食宿负担，这也与企业追求经济利益的最大化相悖。

3. 实习较强的实践性，高校师资匮乏

随着国家知识产权战略的推进，知识产权人才需求量逐年增大，越来越多的法律硕士在选择培养方向时选择了知识产权实务方向，导致知识产权教学师资紧张，特别是有着丰富社会实践经验和实习指导经验的知识产权法老师，严重不足。师生供求比例不断拉大，给知识产权法律硕士的实习指导也带来了越来越大的难度。

四、创新知识产权法律硕士人才实习规划的具体构想

“法律的生命不在于逻辑，而在于经验”，经验的获取靠实习。因此，一个合理的实习规划不仅是知识产权法律硕士克服实习中所存在困难的重要保障，还是维持知识产权法生命力的源泉。笔者认为，一个合理的实习规划需要国家、企业、高校和学生自身的共同努力。

---

〔1〕 梅锦：“高校教学实习权保障研究”，载《宁波大学学报（教育科学版）》2014 年第 4 期。

（一）就国家而言，制定法律政策构建知识产权法律硕士的实习机制，以履行国家职能

如前所述，目前我国企业只有接纳知识产权法律硕士实习的道德义务而无法律义务，这是导致这类人才实习难的重要原因。针对这一问题，法国和美国的做法值得我们借鉴。“法国政府十分重视在校大学生的实习，出台了一系列行政规定和措施，规范和方便企业接纳实习生，其中最为重要的是政府指导规范了一项普遍被社会所接受的大学生‘实习公约’。根据学校和企业签订的该类公约，企业承认有接受学生实习的社会义务，并积极为学校联系大学生实习提供方便。对那些聘用应届和失业大学毕业生的企业，政府在一定期限内免收其社会福利分摊金及一些税收，且酌情按聘用人数给予一定补贴”〔1〕；“为推动高校的实践教学，美国政府制定了一系列法规和鼓励性政策，如以设立研发基金的方式对产学研进行投资的国家科学基金会法案，为促进产学合作通过了史蒂文森·威尔德勒法、联合研究开发法和联邦技术转移法等”〔2〕。

结合我国的具体实际，笔者认为，政府可以在广东省已有的实践基础上颁布通行全国的《研究生实习条例》，从而为高校学生实习权的实现提供法律保障。另外，根据我国急需知识产权法律人才的现实，国家还可以针对接收知识产权法律硕士实习的企业予以税收优惠，从而提高企业接收知识产权法律硕士实习的积极性。

（二）就企业而言，主动分担国家知识产权战略培养人才的社会责任，以展现企业良知

企业社会责任是指企业在特定的社会发展过程中所应当承受的法律和道德上的责任。“正如一个公民必须对其赖以生存的社

---

〔1〕 邓慧丽：“中法高校学生实习比较研究”，载《高等函授学报（哲学社会科学版）》2011 年第 5 期。

〔2〕 万毅：“中美高校学生实习的比较研究”，载《齐齐哈尔大学学报（哲学社会科学版）》2011 年第 6 期。

会尽一定的义务和责任一样，企业作为一个实体和法人，也必须对其所处的社会承担一定的义务和责任。一方面，它应对自己的全部行为及其后果负责；另一方面，它应对其赖以生存的社会有所奉献。"〔1〕国家推行“知识产权战略”，企业是最大受益者，企业应为知识产权法律硕士人才培养分忧——制定一套完善的实习生制度，定期向社会发布实习岗位信息，自觉吸纳知识产权法律硕士人才到企业中实习。这不仅有利于企业的长足发展，更是一个企业的社会责任和社会良知的体现。

（三）就高校而言，发挥国家知识产权法律人才培养的基础作用，以履行高校职责

由于目前我国知识产权法律硕士的人才培养主要由高校完成，因此，高校在知识产权法律硕士实习中起着更为重要的作用，主要表现在：

第一，建立起校企联合培养知识产权法律硕士的培养模式。知识产权作为一门法律学科，与管理、经济、科技等学科具有天然的联系，高校应转变观念，改革知识产权法律硕士人才的培养模式，吸收借鉴理工专业传统的“校企合作”模式，充分发挥知识产权法律的实务型效能。具体可通过提高教学质量，注重理论与实践相结合，为企业直接输送知识产权法律人才，或者根据企业的实际需要推出多种法律类或实务类的专业培训课程，促进产学研相结合，推动知识产权法律硕士人才的培养。〔2〕针对企业所担心的核心知识产权可能泄露的问题，高校可与企业签订协议，一旦出现问题由学校直接承担企业的损失，以减少企业的后顾之忧。同时，企业要严格落实实习制度，并将知识产权法律硕士在实习中暴露的问题及时反映给学校，从而保证实习质量。

第二，建立知识产权法律硕士特有的固定实习基地。为满足

---

〔1〕 尤力、王金顺：“论企业的社会责任”，载《四川大学学报（哲学社会科学版）》1990年第1期。

〔2〕 任楷、张希华：“论我国知识产权法律硕士的培养”，载《科教导刊（上旬刊）》2012年第1期。

社会对“高层次、应用型、复合型”知识产权法律硕士人才的需要，必须在已有的传统法学硕士实习基地的基础上，根据知识产权的学科特点有选择地建立一批新的专供知识产权法律硕士实习的实习基地，以拓宽知识产权法律硕士实践、实习的渠道。也即，除传统的司法机关外，商标事务所、版权代理机构、专利事务所、知识产权律师事务所、知识产权仲裁院、海关等都可以成为新型的专供知识产权法律硕士实习的基地。因此，高校在进行知识产权法律硕士实习基地的建设时，应重点加强同这些机构的联系。

第三，聘请实务部门的同志，实行理论和实习的双导师制。如前所述，知识产权法律硕士实务导师的供求上存在“僧多粥少”的局面，并且近几年来随着知识产权法律硕士生的增多，这一局面已经成为制约知识产权法律硕士人才实习的瓶颈。因此，高校应改变传统的教师聘请模式，聘请知识产权法实务精英担任知识产权法律硕士的实习导师，具体指导学生的实务实习，实现校外导师的校外指导，提高学生的实践能力和职业素养。与之相适应，随着国家“知识产权战略”的推进，有着丰富实践经验的知识产权法实务精英不断涌现，客观上为高校知识产权法实务教师的聘请提供了条件。

第四，建立知识产权法律硕士的实习论坛。法律硕士论坛是许多高校在法律硕士教育中普遍采用的方法，如中国人民大学建立以“亲学术，近实务，构建舞台，成就梦想”为宗旨[1]的法律硕士论坛，既方便了法律硕士同学之间的交流，又加强了法律硕士理论、教学和实务之间的联系。在知识产权法律硕士的实习中，这种方式同样值得借鉴。高校以知识产权法律硕士实习论坛为平台，邀请知识产权实务部门的专家学者为学生定期举行诸如专利申请和撰写、专利文献检索、企业知识产权战略规划等方面的专题讲座，邀请毕业生举办“实务经验交流会”，能够大大节省实习成本；实习学生以知识产权法律硕士实习论坛为平台，互

---

〔1〕 郝晓明：“法律硕士专业学位研究生培养的实践与探索”，载《法学家》2007年第6期。

相交流实习经验、切磋实习技巧，可以最大化地提升实习效果。

第五，完善的实习规划还应有充足的时间保证。高校应合理安排知识产权法律硕士生的课程设置，留足时间供知识产权法律硕士实习，才能保证实习效果的优化。笔者认为，实习时间安排在研二上学期课程结束以后较为适宜。知识产权法律硕士经过一年半时间对法律基础知识的学习，对知识产权法律基本问题已有了一定程度的掌握，此时趁热打铁，让他们参加到实习实践中去，能够很好地把理论和实践结合起来。

（四）就研究生而言，端正实习动机、提高实习热情，以展现高素质人才素养

实习是连接知识产权法学理论知识与知识产权实务操作的桥梁，知识产权法律硕士的实习是知识产权法律硕士人才就业前的一次实战演练。知识产权法律硕士的实习动机和实习热情直接影响实习的效果。首先，知识产权法律硕士不应把实习当做赚钱的机会，它只是高校教学内容的一部分，要像理论学习一样去对待；其次，知识产权法律硕士要避免“光说不练”，要充分利用所学知识解决实际问题；最后，高校应加强实习宣传，提高学生对实习的重视度，并将实习和评优、评奖乃至于和攻读博士、硕博连读、推荐工作单位等机制联系起来，为法律硕士研究生提供强大的实习动力。

五、结　语

总之，知识产权法律硕士作为我国知识产权高级人才的来源之一，肩负着推进“国家知识产权战略”实施和建设“创新型国家”的重要使命，如何尽快实现知识产权法律硕士人才由“理论型”向“应用型”、“实务型”的转变，是新形势下高校培养创新型知识产权法律硕士人才的关键。“读万卷书、行万里路”，实习在这一过程中的重要作用不言自明。现有的实习环境亟需改变，立足长远，知识产权法律硕士的实习需要国家、企业、高校和学生之间相互协调配合，制定合理的实习规划，共同铸就知识产权法律硕士人才。

社会保障法课程体系改革的探讨

◎ 金英杰 *

内容摘要：随着我国社会保障法律制度的不断完善，研究社会保障法理论与实践的社会保障法学在高校法学教育课程中越来越受到重视。各高校法学专业本科纷纷开设《社会保障法学》课程，本文对各高校社会保障法学课程体系的教学目的、教学方法等进行总结和归纳，试图从法学教育的角度，探讨如何加强社会保障法课程体系的改革，发挥法学高校在培养法学专门人才方面的特殊作用。

关键词：社会保障法；课程体系；改革

建立和完善有中国特色的社会保障法律体系，是中国社会改革开放以来，在市场经济、经济全球化背景下，为保障和实现人的生存权、维护和稳定社会秩序、维护社会公平的必然举措。我国自 1993 年实行市场经济以来，逐渐重视社会保障法律制度的建立，尤其是 2010 年《社会保险法》的出台，推动了社会各界关注社

* 金英杰，女，中国政法大学民商经济法学院副教授，社会法研究所副主任，劳动法律诊所负责人。

会保障法律制度的不断完善。2014 年 2 月国务院颁布《社会救助暂行办法》，该办法自 2014 年 5 月 1 日起施行，同时相关立法部门也在紧锣密鼓地进行社会捐赠法等的立法工作。尤其是 2014 年 10 月 20 日至 23 日，中国共产党第十八届中央委员会第四次全体会议上审议通过了《中共中央关于全面推进依法治国若干重大问题的决定》，在《决定》中提出要"积极破解经济社会发展难题，着力保障和改善民生"。可以想见，在本届政府注重保障和改善民生的主导下，我国的社会保障法律制度必将迎来前所未有的大发展。在这样的大背景下，如何加强社会保障法学的理论与实践研究，如何改革现有社会保障法课程体系，培养社会保障法专业人才为社会所用，值得法律教育者思考。本文试图就国内高等院校法学本科教学中《社会保障法学》的课程体系改革进行有益的探讨。

一、社会保障法教学的目标和理念的改革

一般认为，社会保障法学是部门法学中的一门分支学科，以社会保障法的原理、原则、法律体系建设、执法、守法、法律形式的规范化、法律中的权利和义务关系等为研究对象。但在教学目标和理念上，不同的学者各有不同的观点：

沈阳师范大学管理学院高峰表述为：劳动与社会保障专业属于公共管理一级学科下的二级学科，以培养能在政府部门、政策研究部门、大中型企事业单位等从事劳动与社会保障工作的公共管理人才为目标。所谓公共管理人才是指制定相应的法律法规和政策体系，并在实践中为全体社会成员提供安全生存所需的公共产品和公共服务的从业人员，包括劳动与社会保障专业理论人才、劳动与社会保障日常事务管理人才、劳动与社会保障法律法规人才、社会保障基金投资运营管理人才以及社会保障监督管理人才等。[1]

---

〔1〕 高峰："探讨培养劳动与社会保障专业人才的新模式"，载《经营管理者》2012 年第 12 期，第 111 页。

清华大学法学院郑尚元在《社会保障法教学大纲》中表述为：①了解外国社会保障制度建立的历史和现状，培养学生理解我国社会的发展阶段和社会保障法律制度的重要性，并掌握该课程所包含的基本原理和基本制度的能力，即应使系统、准确地了解外国的社会保障法律制度，理解和掌握中国社会保障立法的进程；②培养学生理解社会法原理，即能够在社会实践中灵活地运用、分析和处理各种社会保障法领域的具体问题；③培养学生分析和解决问题的能力，尤其是将目前我国社会保障领域存在的理论和实务问题与社会保障法的基本理论结合起来，从感性到理性，再从理性到感性。[1]

笔者认为，社会保障法教学目标和理念的改革在于应注重理论与实践相结合，立足于我国国情，既掌握和理解社会保障法的基本原理、基本制度，又使学生能以社会法原理来进行法学思辨，增进法学逻辑思维能力。具体而言，社会保障法教学目标和理念的改革应主要基于以下五点：

（一）突出社会保障法学的社会法特色

社会保障法属于社会法体系，以社会为本位，追求公平正义，在维护社会利益、市场经济发展中对公民经济生活安全、社会稳定方面具有越来越重要的作用。虽然我国统一的社会保障立法和单行的社会保障法并没有出台，但相关的社会保障单行立法已被提上全国人大立法日程，社会保障法学科的内容体系越来越完整而系统，社会保障法的法学原理研究也有所进展，从学理上划分的社会保障法律体系框架结构、法学原理、社会保障法实务都业已成熟。通过对社会保障法原理的学习，能培养学生理解社会法的本质和特色，培养公平正义和社会责任理念。

社会保障法的社会性特点还在于其调整手段的多样性。我国目前没有统一的社会保障立法，社会保障法律规范散见于宪法、行政法、劳动法、社会保险法、社会救助法、社会福利乃至民商

---

〔1〕 郑尚元编写：《社会保障法教学大纲》，载 http://www.docin.com/p-512059483.html，访问日期：2011 年 3 月 4 日。

法等多个法律部门中。社会保障法的社会性还表现为各类社会保障主体的多样性，就主体而言涵盖了中央政府和地方政府、中央和地方的人力资源和社会保障行政部门、民政部门、建设部门、农业行政部门、各类社会保障职能机构、用人单位及公民等多种主体，因而形成主体之间的多重权利义务关系。这种复杂和多样性的特点决定了社会保障法学研究仅依据单一原理无法完全解释相关权利义务与法律责任的理论依据，无法以单一方式解决实践问题，必须采用社会法原理分析不同主体之间的关系，采用多种方法解决社会保障纠纷。这一特色决定了通过社会保障法学课程的学习，能够培养不同于其他学科的法学思维和方法，提高学生分析、解决问题的能力，使其法学思辨能力、逻辑思维能力得到增强。

（二）培养思维活跃、思辨能力强的人才

社会保障法学与社会保障学、经济学、公共管理学、工商管理学、劳动法学、社会工作学等他学科交叉，能够培养学生从多种角度研究和思考问题。社会保障法学立足于法律领域，从法学视角研究社会保障现象，有其独特的方法，并以社会保障法的原理、原则、法律体系建设、执法、守法、法律形式的规范化、法律中的权利和义务关系、法律责任、救济模式等为研究对象。但社会保障制度的规范与经济学、社会学等学科密切相关，一国的社会保障制度不可能脱离社会政治、经济发展状况、历史和文化习惯而构建。社会保障学家郑功成教授评价："社会保障是一门多学科交叉专业。因而，经济学家通常在追求效率的前提下将社会保障视为一种收益分配手段，从而很自然地将社会保障划入经济学范畴；而社会学家则从人类社会发展的终极目标与社会公平的角度出发，将社会保障视为社会学的一个领域；一些政治学者也会说社会保障属于政治学范畴，因为实践中的社会保障事关国家的政治稳定，甚至关系到党派竞争和政治家个人的前途；此外，社会保障还会涉及管理学、法学等学科。"〔1〕正是由于社会

---

〔1〕 郑功成编：《社会保障学》，商务印书馆2000年版，第2页。

保障法学与其他学科的交叉关系，其才能从更广阔的视野，立足于社会法原理的基础上借鉴其他学科的知识和研究方法，从而构建社会保障法学科的知识结构和理论体系，其丰富性和多样性是其他法学学科不能替代的。

社会保障法学与社会保障学虽有密切联系，但毕竟是两个不同的学科，二者关系需要厘清。社会保障法学立足于法律领域，从法学视角观察、研究社会保障现象，而社会保障学则主要从经济、社会管理角度研究社会保障制度的基本理论、体系和框架，社会保障制度的建设和发展走向等；社会保障法学更侧重于规范制度、法律关系、法律责任、法律救济，以公私法相交融之法律调整手段，从社会公平正义，国家、社会、公民社会群体等责任主体、利益平衡等角度进行法律体系框架制度的研究，其规范性、权威性远非社会保障学所能替代。

（三）社会保障法学生的就业方向符合我国经济发展、社会治理模式转变的需求

教育的目的在于输送社会需要的人才，不能单纯为教育而教育，应适应我国政治、经济体制改革的发展，调整社会保障法学的培养目标，将其定位于培养能够参与社会治理模式、参与社会保障事务的理论与实践人才。

我国自 20 世纪 80 年代起实行经济体制改革，三十多年来不断出台各种改革措施；自 20 世纪 90 年代初由计划经济向市场经济转型，为参与国际竞争，我国加入世界贸易组织，在经济全球化的浪潮下，成为世界产业链的一环。自我国逐步融入经济全球化的发展进程后，社会文明不断发展，科技知识更新换代，信息量知识量呈爆炸状态，社会财富增多。中国改革开放几十年来，是政治经济大发展时期，取得了举世瞩目的发展成果，但也是社会矛盾不断出现的时期，社会财富增多了，但贫富分化严重，政治、经济发展不均衡，既有改革时期的各种遗留问题，又有转型时期面临的新问题，尤其是在社会保障方面矛盾突出。如何化解各种社会矛盾，以社会治理模式解决纠

纷、平息争端，如何保持经济发展与社会稳定的平衡，需要社会保障法学的理论支撑，社会保障法将发挥重要作用。近年来，社会法学研究领域倡导减少国家的不当干预，以社会治理模式取代单一的国家管理、国家治理模式，例如，加强社会保障事务的公共化，增加法律援助机构、调解机构。党的十八大提出加强和创新社会管理，提高社会管理科学化水平，“加强社会管理法律、体制机制、能力、人才队伍和信息化建设”。国家治理与社会治理模式的结合，需要更多的社会保障法律人才。相信今后几年，随着一系列劳动法律和社会保险、社会保障方面单行法和政策规定的出台和实施，国家和社会对社会保障法人才需求的增多，普通本科法学专业学生掌握社会保障法学原理和知识，会增加其在就业方面的可靠背景。

（四）培养应用型人才

社会保障法学是法律科学中应用性较强的学科，我国目前迎来了社会保障事业大发展时期，社会保障立法、社会保障行政管理、社会保障日常事务以及相关的法律服务、仲裁和审判工作都会涉及社会保障法理论支撑，社会保障法学的就业方向较为广泛，涉及社会保障事务的机构有各级劳动和社会保障行政机关、社会保险经办机构、事业单位、民政行政部门，各级人民法院及各级劳动争议调解仲裁机构、人事争议处理机构，各类企业以及其他用人单位的人事部门、人力资源部门、法务部门，各级工会组织等。

（五）为法律援助输送人才

在社会治理模式创新中，法律援助机构和社会保障事务机构将会发挥作用。近年来我国开始重视法律援助机构的建设，其中法律援助内容中不乏劳动者、农民工、社会弱势群体的社会保障事务，需要大量的法律专门人才。

我国目前的法律援助机构大致有四类：一是司法行政部门设立的法律援助机构；二是经司法行政部门批准设立的法律援助机构；三是非政府组织设立的法律援助机构；四是没有纳入司法行

政部门管理的高校法律诊所、学生社团等法律援助机构。

援助机构需要大量的法律人才参与，纳入我国体制内的以及政府承认的法律援助机构，目前有政府和社会各界资金的资助，甚至有国际社会资金的资助。公益律师借助于法律援助的平台代理社会保障事务，为农民工、城市外来工、女性、未成年人、老人、残疾人等社会弱势群体提供社会保障法律事务援助，同时，公益律师并不是无偿劳动，而是政府或社会资助购买律师的法律援助。上述援助机构中的社会保障法律事务将会为社会保障法学人才提供实践与锻炼的机会。

二、社会保障法学教学的课程设置

社会保障法学教学的课程设置，涉及如下问题：一是课程名称；二是必修还是选修；三是学时和学分设置；四是与其他课程的配套设置。经比较研究，笔者认为，社会保障法学应单独设立，不宜与《劳动法学》合并为一门课程；学时设置暂为 36 学时，学分为 2 学分；暂为选修课，待以后条件成熟后改为必修课。社会保障法学作为配套课程应在学习民法、行政法之后学习，宜设置在第 5 或第 6 学期，可与《劳动法学》同学期开课。

（一）各校课程设置情况

1997 年教育部确定了 14 门法学核心课程，其中没有将社会保障法学列为必修课，因而在较长的一段时间内，全国高等学校法学专业开设的课程中有的没有社会保障法学，即使有也是将社会保障法学列为选修课之一，针对具有一定法学基础及相关知识的本科生开设，也有的院校开设劳动与社会保障法学课程作为选修课。

2007 年 3 月 11 日，教育部高校法学学科教学指导委员会（简称教指委）举行了全体委员会议，会议上充分研究、讨论和通过了调整法学学科核心课程的决定和马克思主义理论研究和建设工程重点教材（法学）的建议名单。会上通过的法学学科核心课程共 16 门，其中包括原来的 14 门核心课程，又新增了两门

(环境法与资源保护法、劳动法与社会保障法)。[1]但教指委的文件并不具有强制性，属于指导性文件，且增设课程时使用的是“劳动法与社会保障法”课程名称，将两门课程列在一起，而不是单独设立社会保障法课程。在教指委文件的指导下，2007年以后各高等学校法学专业开始陆续在本科教学中增设法学核心课程，大多数院校在课程名称上使用教指委文件建议的名称“劳动法与社会保障法”，课程内容也是将两门课程并在一起讲授，鲜有单独将社会保障法列为必修或选修课的。

全国开设法学专业的高等院校有300多所，[2]据对国内部分院校法学专业课程设计的不完全统计，《社会保障法学》课程在高等院校的设置有如下情况：

1. 将《劳动法与社会保障法学》列为必修课，不再单设《社会保障法学》课程

据不完全统计，有部分综合大学法学院和专门的法学院校将《劳动法和社会保障法学》课程设为必修课。如中国人民大学、北京大学、吉林大学、厦门大学、中山大学、苏州大学、西北政法大学、西南政法大学、中南财经政法大学等。在教学内容上涵盖劳动法学、社会保障法学两门课程内容。

学时设置有54学时、51学时、48学时、36学时、34学时不等，一般为3学分。2007年教指委倡导性文件出台后，估计会有更多的大学将《劳动法与社会保障法》列为必修课。

2. 将《劳动法与社会保障法学》列为选修课，不再单设《社会保障法学》课程

大多数高等院校的法学专业将《劳动法与社会保障法学》设为选修课。如安徽大学、湖南大学、吉林大学、扬州大学、浙江

〔1〕 中国人民大学法学院网站：《教育部高校法学学科教学指导委员会在我院举行全体委员会议》，载 http：//www. law. ruc. edu. cn/Article/ShowArticle. asp? ArticleID = 6179，访问日期：2014年6月9日。

〔2〕 中国教育在线，http：//www. eol. cn/article/20020603/3057703. shtml，访问日期：2014年2月。

大学、广西师范大学、河南师范大学、山东工商大学、广东财经大学、广西大学、山西大学等。

学时设置为36学时，学分为2—3学分。经笔者询问相关学校的授课老师，有的告知师资力量有限无力开设必修课，有的告知学校本身法学专业招收学生不多，似无开设为必修课的必要，也有的说明现有的法学课程已经占据不少授课学时，为不加重学生负担，学校不同意将其开设为必修课。

中国政法大学原为法学专科学校，后向综合大学方向发展，学校现共19个教学单位，与法学相关的学院有7个，占一半左右。为培养综合性人才，方便政治与公共管理学院、商学院、外国语学院、新闻与传播学院学生学习法学课程，我校特为非法学专业学生开设《劳动法与社会保障法》通识课，列为选修课，36学时，2学分。由于是为非法学专业学生开设的，考虑到学生没有系统学习过法学原理，在课程的讲授上以解释性为主，没有理论和知识等的深度。

3.《劳动法学》与《社会保障法学》分列，《劳动法学》为必修课、《社会保障法学》为选修课

如广东大学、广东外语外贸大学、中国科学技术大学等将社会保障法学设为选修课。也有院校将两门课程都列为选修课，如中国政法大学一直将《劳动法学》、《社会保障法学》两门课程设为选修课。在学时设置上，一般为36学时，学分为2学分。

无论是《劳动法学》还是《社会保障法学》，各校在开设学期上基本都是在第5、第6学期。

（二）对各校社会保障法课程设置情况的评析

1.《劳动法学》与《社会保障法学》两门课程不宜合并为一门课程

《劳动法学》与《社会保障法学》联系密切，内容亦有交叉，都属于社会法体系，共享社会法理念，但毕竟是两个各自独立的法律部门。两者的调整对象和立法目的不同：劳动法主要调整和规范劳动关系，其立法目的在于保护劳动者合法权益，维护发展和谐稳定的劳动关系，其基于劳动关系建立的社会保险关系是社会保障法调整的关系之一，在我国社会保障制度尚不完善的情况下，社会保险是社会保障制度的核心内容；社会保障法调整和规范社会保险、社会救助、社会福利、社会优抚等关系，立法目的在于由国家和社会为公民提供经济生活安全保障。劳动法调整规范的关系相对狭窄，其主要调整个别劳动关系和团体劳动关系，确定基本劳动条件标准，以劳动关系为基础，具有公私法相交融的特点，较之社会保障法学，劳动法学的内容相对单一。社会保障法规范的关系已然突破劳动关系的范畴，社会保险原主要以劳动关系为基础构建其制度，但 2010 年颁布的《社会保险法》将社会保险的范畴扩展至城乡居民，已然超越了劳动关系范畴；而社会保障法中的社会救助、社会福利制度不是以劳动关系为基础建立的，而是以公民的社会物质帮助权、社会连带责任原理、社会法理念为基础进行的制度设置，我国社会保障法大多具有公法色彩。因之劳动法学与社会保障法学两门学科在法的性质、特征、原理上有较大差异，两者内容虽并存，但不能互相包容和吸收合并，不宜在一门课程中讲授。

2. 两门课程合并为一门课程，学时不够，内容缩水，影响学生完整地掌握两门不同的法学知识和原理，造成知识结构的缺憾

原来两门课程没有合并时，《劳动法学》大多为 36 学时，社会保障法学大多也为 36 学时，两门课程合并应为 72 学时。但为减轻学生的学业负担，各校在合并两门课程后，最多设置为 54 学时，在学时量上不但没有增加，反而减少，导致教师几乎无法完整讲授完课程全部内容，无法满足教学需要。

尤其是第二种类型的课程设置，既没有成为必修课，学时也没有任何增加，反而减少。2007 年我国颁布了《劳动合同法》、《促进就业法》、《劳动争议调解仲裁法》，2010 年颁布《社会保险法》，最高人民法院近年来又出台了关于审理劳动争议案件的四个司法解释，大大丰富了劳动法学的学科内容和体系。在法学研究方面，劳动法学的理论研究也趋于成熟。而我国的社会保障法律制度尚在建立和完善中。由于《劳动法学》课程相对成熟，大多数教师的授课内容侧重于劳动法学，无形中压缩了社会保障法学的课程内容，使学生不能完整地理解和掌握社会保障法学的原理和内容，造成知识结构的缺憾。

这种课程开设状况主要是源于教指委文件中明确列明“劳动法与社会保障法”，而不是用顿号分割开，致使在申报核心课程增设中，有许多院校的专业教师为与教指委文件一致以便获得学校相关部门同意设为必修课，不得不将原分属两门的课程合并为一门课程。

（三）对我校的建议

笔者建议如下：

第一，目前我校《劳动法学》、《社会保障法学》分设的情况比较符合学科特点，也基本能够满足教学需要。但应将《劳动法学》设为必修课，学时应增加为 54 课时。劳动关系是当今中国社会最重要的经济和社会关系，雇佣劳动者是人口结构中的主体，中国 2012 年年末全国就业人员 76 704 万人，占劳动人口总数的71%〔1〕，如何规范和调整劳动关系，是国际社会、政府、劳资双方、各种社会力量关注的焦点。全国的政法院校已有多个将《劳动法与社会保障法学》设为必修课，我校目前做法与教指委文件精神相悖，应尽快将《劳动法学》作为必修课。《社会保障法学》可以暂保留为选修课，学时也可暂为 36 学时，待条件成熟时再设为必修课。

第二，学期开设以第 5、第 6 学期为宜，学分为 2 学分。考虑到学习《社会保障法学》应以一些学科知识为铺垫以及知识结构配套问题，应将《民法学》、《行政法学》作为《社会保障法学》的先修课程，把《社会保障法学》开设在第 5、第 6 学期为宜。因与《劳动法学》联系密切，可与《劳动法学》同学期开设。

---

〔1〕 人力资源和社会保障部网站：《2012 年度人力资源和社会保障事业发展统计公报》。

三、社会保障法学课程的教学内容

（一）社会保障法学课程的体系结构

由于为数不少的院校开设《劳动法与社会保障法学》课程，在教学大纲上一般将劳动法学列为上篇，社会保障法学列为下篇，如中国人民大学、西北政法大学、西南政法大学、华东政法大学等，在原理及知识结构设置上各为一套，并不同时阐述，明确表明是两门不同课程，也有的将两门课程知识内容打通，相同原理部分同时介绍，如山东大学。

就教学大纲内容设置而言，社会保障法学的内容可以从不同角度进行划分。根据研究对象，可将其分为社会保障法律规范、社会保障法律关系和社会保障法律事实的研究；根据研究目的将其分为社会保障立法、社会保障行政执法、社会保障经营管理法律实务、社会保障司法的研究等；还可根据社会保障体系的构成，将其分为社会保险法、社会救济法、优抚安置法、社会福利法、职业保障法、商业保险法的研究等。

经对西北政法大学、华东政法大学、清华大学、山东大学等院校的教学大纲进行分析，社会保障法学的教育内容及次序排列多为：

第一部分为社会保障法原理阐释，包括社会保障法的概念、调整对象、特征，社会保障法的沿革和渊源，社会保障法的理念和原理，社会保障法律关系，社会保障管理体制，社会保障基金制度，社会保障国际立法等。第二部分为社会保障法分论，包括社会保险法、社会救济法、社会福利法、社会优抚安置法等。笔者注意到非法学院校将商业保险也列为社会保障法内容，法学院校一般不列入。第三部分为社会保障程序法，包括社会保障法律责任和监督、社会保障争议处理程序等。

由于是两门课程并为一门课程，教学大纲中涉及社会保障法的部分往往在内容上有缺憾，如西北政法大学、山东大学在社会保障法原理部分忽略社会保障的国际立法内容，清华大学、华东政法大学在分论部分忽略社会保障程序法内容。

在单列《社会保障法学》课程的院校，相对教学内容较完整。从教材内容上看，有的偏重理论阐述，如清华大学教学大纲；有的在理论阐释同时注重实践内容，如华东政法大学教学大纲；也有的偏重于国内社会保障制度建设，忽略横向比较研究，如西北政法大学教学大纲。

（二）对我校《社会保障法学》教学内容的建议

1. 应注重《社会保障法学》内容的完整性

从目前各校教学情况看，由于与劳动法学合并开设，以及学时和教材容量的限制，《社会保障法学》的整体知识结构内容或有欠缺。社会保障法学体系应包括社会保障法学的基本原理研究，以基本原理为支撑构建各项社会保障具体制度规范研究，既应包括社会保障实体法律制度规范研究，又应包括社会保障程序法律制度规范的研究，同时在教学内容上应着重介绍学科的难点和社会关注的热点。要力求全面、系统地反映社会保障法学的研究成果，避免出现有些院校忽略社会保障程序法等内容的弊端。

2. 加强基础理论教学内容

社会保障具体制度的设置和发展需要有理论的支撑，才能使制度的研究和阐释不仅仅停留在解释法律条文的层次上。因此，应将社会保障法的社会法性质、社会连带责任等原理作为讲授重点。

3. 应注意结合我国国情，立足于中国本土，适应政治、经济社会的变化适时调整授课内容

理论不是无源之水，必须植根于鲜活的社会，需要关注与社会息息相关的社会保障理论实践的热点和焦点，如近年来延迟退休年龄的争议、养老金制度是否需要并轨运行、国家是否应当承担社会保障责任等，既是重大的理论问题又是实践中的热点。同时，社会保障制度与社会政治、经济的改革发展密切相关，中国的社会保障制度起步较晚，在经济全球化和市场化的影响下，社会保障制度的改革面临很多挑战，对此，可以借鉴国外的立法和经验，结合我国国情，将其本土化，构建有中国特色的社会保障制度。

四、社会保障法学的教材建设和采用

经调研，关于社会保障法学的教材建设，法律类院校一般比较重视，多有自己的教材，但大多不是专门的社会保障法教材，而是按照教指委文件中劳动法在前社会保障法在后的提法，分为上篇劳动法、下篇社会保障法来编写。

（一）社会保障法学教材情况

1. 各教材都在探讨如何丰富教材的体例模式和内容

由于劳动法学与社会保障法学课程的合并，近年来，单独的社会保障法学教材新出不多，反而名为《劳动法与社会保障法学》的教材迭出，如贾俊玲主编的《劳动法与社会保障法学》、中国人民大学关怀主编的21世纪法学规划教材《劳动法与社会保障法学》、西北政法大学郭捷主编的《劳动法与社会保障法》、中国人民大学林嘉主编的《劳动法与社会保障法》。在教材体例上，一般把劳动法作为上篇，社会保障法作为下篇。形式上除原有教材惯有的章节、思考题、重点、难点介绍外，各教材都出现案例、延伸阅读、理论探讨等栏目，力求教材理论与实践相结合，摆脱呆板的解释性教材模式。我国法学界目前也开始重视法律实务，反映在教材上，即对案例的介绍、评析增加，以案例说明法学原理和具体操作规程，生动而具体，使传统教材有了新的生命。

2. 理论解释和制度解释相对较多，实务内容相对较少

由于教材注重内容的完整性和系统性，也鉴于高校正规化教育的特点，因此大多数教材内容重视基本概念、基本理论、基本原则的阐述，延伸阅读与案例分析也往往是为了说明原理，直接与实务对接的内容尚不多。

（二）对社会保障法教材建设的建议

我校目前为止，没有出版社会保障法专门教材，授课时各教师自己指定教材，由学生灵活选择，为了教学内容的相对统一和系统性，应尽快出台专门教材。应打破目前大体一致的教材体例，既考虑内容的完整性和系统性，同时又从理论和实践两方面阐释，因此建议可在社会保障法分论部分采用列专题的写法，例如，工伤保险部分可以从概念原理入手，到工伤待遇、工伤补偿，再到对工伤的法律救济，从实体到程序、从务虚到务实讲授，使学生既能接受理论熏陶，同时也能掌握实务知识。

五、社会保障法实践教学的研究

霍姆斯的名言一直被引用："法律的生命不在于逻辑，而在于经验。"法学教育应重视实践教学，这已成法学教育改革的共识。我国法学教育的通病是课程设计理论性太强，教育内容的实用性不够。社会保障法人才的市场需求现实存在，如何在理论教学与实践教学中寻找桥梁，使人才培养与市场需求对接，培养既有丰厚理论基础又有动手能力的职业法律人，是目前各高等院校进行实践教学探讨的问题。

在社会保障法教学系统正规教育的模式下，无论是教材内容还是授课内容，对现实的社会保障工作中所依据和必须遵循的法律法规和业务程序都反映很少，并且对该专业领域的前沿问题介绍有限，课程设计没能体现出与市场接轨、为社会需求服务的宗旨。这要求我们除了在教材建设和教学内容上加以改革外，在教学手法上还应重视实践教学方法。

在实践教学方面，各院校采取多样化手段，包括上述提到的案例讨论、旁听案件、参加实习活动等。实践教学应包括课程实验、模拟培训、基地实践这三个环节：

第一，课程实验是在课堂上以社会保障法课程内容为对象，采用案例分析、专题讨论，还可辅之以实地考察社会保障等方式，激发学生的专业学习兴趣，培养其发现、分析、解决问题的基本能力；

第二，模拟培训，除模拟法庭外，还可以熟悉社会保障服务流程、拟办各种社会保险业务的模式进行职业技能的培养。

第三，充分利用校内外资源，定期举办小型社会保障沙龙活动、论文竞赛活动，提高学生的理论与实践能力，关注社会保障的前沿与热点问题。

第四，建立社会保障实习基地。为培养具有一定操作能力的应用型专业人才，在课程设置中需要强化实践教学环节，让学生掌握劳动与社会保障的基本方法和基本技能，建立相对稳定的实践教学基地，使学生能从执行层面了解实务知识，更好地服务于劳动就业及社会保障领域，充分发挥实践教学基地在教学中的重要作用，并能为毕业论文等实践活动提供相应的条件和必要的服务。为此，学校、学院及研究所包括知名学者应发挥品牌效应，与社会保障实践部门加强沟通和联系，构建相对稳定的实践教学基地，通过集中实践课程，让学生到劳动和社会保障岗位或者相关岗位去见习，使学生能够深入社会、深入企业进行实践锻炼。

综上，社会保障法课程体系的改革既要符合法学教育的发展规律，也应结合中国目前社会保障法律制度的发展改革状况，更新传统的灌输式教学，加强社会保障法学原理教育，加强实践教学在课程中的比重，为培养社会保障法方面的专业人才服务。在学科建设中必须适时转换教育理念，完善教学体系，才能培养出适应社会保障事业蓬勃发展的专业人才。

涉外法律人才培养视野下的法律英语教学方法探讨

◎ 朱文超　张鲁平 *

内容摘要：近年来涉外法律专业的发展对法律英语教学方法提出了新的要求。法律英语原有的以教师讲授、学生被动接受为主要特征的教学模式显然难以适应涉外法律人才培养的目标，法律英语课程必须适应涉外法律专业的新特点，对教学方法做出重大调整。本文从涉外法律专业培养目标着手，具体分析涉外法律人才应当重点培养的三项技能，并以此为基础重新建构了一整套以任务教学模式为指导的，将讲授性教学法、互动性教学法、案例教学法、模拟实践教学法等诸多教学方法优化组合并为涉外法律人才培养总体目标服务的科学合理的法律英语教学方法体系。

关键词：法律英语；涉外法律人才；教学方法

一、引　言

法律英语（Legal English），又称法律语言（Legal Language），是指以普通英语为基础，在立法和司法等活

* 朱文超，男，中国政法大学国际法学院研究生。张鲁平，男，中国政法大学外国语学院讲师。

动中形成和使用的具有法律专业特点的语言〔1〕，是指表述法律科学概念以及诉讼或者非诉讼法律事务时所使用的英语。法律英语使用人群限定在普通法系国家尤其是英、美、澳、加等英语国家的法律职业共同体之中。法律英语课程教学开展十余年来，该课程教学成果显著，在一定程度上达到了培养法科学生专业英语实际运用能力的预期目标，然而不能否认的是，法律英语课程教学现状仍然存在种种问题，这些问题主要体现在课程教学方法陈旧、课程定位出现偏差〔2〕、课时偏少、缺乏相应配套课程、缺乏实践教学内容、学生积极性不高等方面〔3〕。

随着 2011 年中央政法委、教育部着手实施“卓越法律人才教育培养计划”，全国数十所高校相继设立了涉外法律专业，涉外法律人才培养对法律英语教学提出了新的更高的要求，这对法律英语教学而言既是机遇也是挑战。从教育部相关文件以及各大法学院校制定的涉外法律专业培养方案来看，涉外法律人才应当具有国际视野、通晓国际规则，能够参与国际法律事务和维护国家利益〔4〕，具体而言，要求学生不仅熟悉中国法律而且对外国法以及比较法也有一定的了解，能够娴熟使用英语进行法律写作和法律辩论〔5〕，有的高校则将对国外法律的学习集中于对英美法系的学习〔6〕。不少高校涉外法律专业采取“3 + 1”的培养模式，即三年国内本科法学教育衔接美国法学院 1 年制的

〔1〕 中国政法大学法律英语教学与测试研究中心课题组：《大学法律英语教学大纲》，外语教学与研究出版社 2014 年版，第 2 页。

〔2〕 在相当一部分大学中，法律英语课程讲授的主要内容仅仅为英美法基础知识，而忽视对法律专业英语词汇用法、语法、写作能力、口头表达能力的训练。

〔3〕 张文娟、沙丽金：“法律英语教学现状分析与教学改革思路探讨”，载《四川教育学院学报》2008 年第 1 期。

〔4〕《教育部中央政法委员会关于实施卓越法律人才教育培养计划的若干意见》，教高〔2011〕10 号。

〔5〕《清华大学法学院“国际型法律人才项目”培养方案》，2012 年 9 月颁布。

〔6〕《华东政法大学法学专业国际经济法方向（合作班）培养方案》，2013 年 6 月颁布。

LLM 学位[1]。不同于“传统”法学专业，法律英语以及配套课程将承担培养法科专业学生英语的理解与运用能力、熟悉英美法系法律思维方式、适应英美法系国家法学院教学模式的重任，并为前往英美法系国家进一步深造打下坚实基础。这些要求势必对教材选用、教学方法、课程设置等法律英语教学各个方面都会产生重大影响，而本文着重探讨的是涉外法律专业视野下的法律英语教学方法问题，换言之，法律英语教学方法如何服务于涉外法律人才培养的总体目标，进而达到最佳的教学效果。

二、涉外法律专业的培养目标与法律英语课程的教学

从比较的视野来看，大学法学院培养模式无外乎两种：以职业教育和法律技能教育为中心的美国法学院模式和注重概念、理论，以学科教育为中心的德国法学院教育模式。[2]而涉外法律专业的培养目标带有浓重的实用主义的色彩[3]，其核心所指便是培养能够参与国际法律事务的人才，同时，大部分涉外法律专业将美国法学院 LLM 或者 JD 学位作为培养的进阶阶段，因此涉外法律专业培养自然而然出现了向美国法学院以职业教育为中心的模式靠拢的倾向。换言之，与“传统”法学专业相比，涉外法律专业应当更多地承担法律职业技能培养的任务，同时为更好地衔接美国法学院的相关学位，也应注重训练学生学习英美法律的基本技能，以便更好地适应进阶阶段的学习。对于这两项技能的训练，法律英语课程应当发挥相应的作用。这些技能主要包括：

（一）法律信息获取能力

法律信息获取能力是指通过书面或者口头方式了解、捕获相

---

〔1〕 例如，中国政法大学涉外法律人才培养实验班将在国内学习 3 年法学，随后将赴美国杜兰大学攻读 LLM 学位，就笔者了解的情况，浙江大学法学专业（涉外法律人才方向）也有类似计划。

〔2〕 沈宗灵：《比较法研究》，北京大学出版社 1998 年版，第 17、182—183 页。

〔3〕 以中国政法大学为例，涉外法律人才培养实验班培养方案中删除了普通法学专业必修的《法理学原理》等课程，而增加了《海商法》、《国际知识产权》等实用性课程。

应的法律信息的能力。对于涉外法律专业的学生而言，除了应当具备阅读汉语法律文献以及汉语法律听力能力以外，还应当具有一定的法律英语阅读能力以及法律英语听力水平。由于英美法系国家法律主体采取判例法的形式，因此学习英美法律对阅读量的要求很高，法律英语课程对法律英语阅读能力以及听力能力的提升也为前往美国法学院进一步学习打下了坚实的基础。具体而言，在完成全部法律英语课程之后，学生应当大体能够听懂英美法学院法学专业课程，能够大体读懂英美法学院相应的阅读材料[1]。同时，法律信息获取能力还应当包含法律信息的检索能力，正如前文所述，普通法系国家的判例浩如烟海，如何在庞杂而缺乏逻辑关联的众多判例之中快速查询所需的判例并非易事，上述法律文献检索技能与大陆法系的法律检索技术有着较大区别，因此在法律英语课程中加以讲解极为必要。

笔者认为，法律信息获取能力的基础是对法律英语专业词汇、句型结构的良好掌握。而法律英语词汇、句型结构具有很强的独特性，与普通英语差别甚大。法律英语词汇多用外来词、古语，普遍存在着一词多义、与普通英语含义差别很大等现象，具有保守性、权威性、精确性等特点[2]，因此需要专门学习掌握。在法律英语教学中，特别是法律英语教学基础阶段，法律英语词汇、句型结构的教学应当成为整门课程的核心。

（二）法律交流与表达能力

法律交流与表达能力是指能够熟练运用英语以书面或者口头形式发表自己对某一法律问题见解的能力，着重表现在法律专业写作能力和法律英语口语能力这两方面。

法律专业写作能力主要体现在法律备忘录（legal office mem-

---

〔1〕 最新颁布的《大学英语教学大纲》中有关听力、阅读的要求也体现了这一点。具体要求参见中国政法大学法律英语教学与测试研究中心课题组：《大学法律英语教学大纲》，外语教学与研究出版社2014年版，第8页。

〔2〕 李剑波："论法律英语的词汇特征"，载《中国科技翻译》2003年第2期。

o)、律师辩论书（brief）、英文合同等司法文书的写作之上。[1]上述能力的训练也是为涉外法律专业学生前往英美法学院校深造奠定坚实的基础，英美法学院校对法律英语专业写作水平要求甚高，以笔者掌握的情形来看，法学院期末考试某一科写作字数往往达到数千字之多，因此，法律英语课程应当着重训练提高学生的专业写作速度，以适应英美法学院校的要求。同时，法律英语写作应当要求使用“法言法语”，在法律英语课程提升阶段，教师应当着重引导学生将掌握的法律专业词汇转化为积极词汇加以运用。

法律专业口语能力主要体现在使用英语进行法律谈判、法庭辩论、发表法律专业演讲等各个方面。一方面，由于美国法学院普遍采用苏格拉底问题讨论法（Socratic Method）的教学方法[2]，学生掌握知识的主要路径并不是来源于教科书或者教授对于相关法律制度的系统讲解，而是来源于学生自主学习的过程，在美国法学院的课堂上，教授起到的作用更多的是引导学生思考，解答学生的疑问，因此，一定的专业英语口头表达能力对于学生学习极其重要。另一方面，涉外法律专业的目的是培养能够参与国际法律事务的法律人才，这也就意味着这一专业的学生必须很好地适应英美法系对抗式（adversarial system）以及控告式（accusatorial system）的法庭模式，因此，相应的口语表达能力至关重要。

（三）法律逻辑分析推理能力与思辨能力

众所周知，英美法系国家的法律推理方式与大陆法系国家有着很大的区别，由于英美法系国家普遍采取判例法的法律形式，因此英美法系国家在司法实践中主要采取的推理模式为类比推理，即在法律中，如果案件之间有质或量上的相同属性或关系，

---

〔1〕 中国政法大学法律英语教学与测试研究中心课题组：《大学法律英语教学大纲》，外语教学与研究出版社2014年版，第8页。

〔2〕 杨莉、王晓阳：“美国法学教育特征分析”，载《清华大学教育研究》2001年第2期。

这些相同的属性或关系是相关的而且对于该问题而言是重要的，并且这些相同点比案件之间的差异点更重要，则确定这两个案件具有相似性的法律推理过程。作为法律推理载体的英美法系国家判决书的形式结构也与我国有着极大的区别，主要由事实(fact)、法律争议点（issue)、判决理由（holding)、推理（reasoning)、政策考量(policy)〔1〕等若干部分组成。上述技能对于初学者而言并不容易掌握，且，上述技能是英美国家法学院重点训练、培养的重要职业技能之一，也是参与国际法律事务所必需的。作为大学本科阶段的一门介绍英美法律制度的主要课程，法律英语应当将上述能力的训练贯穿在课程的全过程之中。

三、法律英语理想教学方法的建构

法律英语课程饱受诟病的一个主要问题在于教学方法过于单一、陈旧。在很长一段时间内，法律英语一直采取与通用英语类似的阅读教学模式，这种模式的主要特点是法律英语教育只局限在课文文本的翻译与解读之上，将课堂的重心放在词汇记忆与句型结构的讲解之上，而缺乏对学生综合运用特别是专业口语、专业写作能力的培养〔2〕；课堂缺乏互动，气氛沉闷，仍然跳不出“满堂灌”、“填鸭式”的窠臼，难以调动学生自主学习的积极性；阅读量要求不高，与英美司法实践相脱节的情况比较严重。涉外法律专业对于法律英语教学提出了更高的要求，显然，上述教学模式远不能适应涉外法律专业对专业英语技能训练的要求。正如笔者反复强调的那样，法律英语理想教学模式的建构必须立足于服务涉外法律人才培养的总体目标。

同时，国内学界对于法律英语课程教学方法的研究虽取得了一定成果，对于传统教学模式的弊端进行了一定的分析，并提出

〔1〕 case brief 的示范文本，参见齐筠主编：《法律英语教程（第2版)》，高等教育出版社2011年版，第28—29页。

〔2〕 参见张自伟：“法律英语教学模式比较研究”，载《中国校外教育》2010年第10期。

了案例教学法、交际教学法等若干源自英美法学院校的全新教学模式〔1〕，然而现有的研究对于法律英语教学方法的探讨仍然基于宏观层面，没有将教学方法的探讨与培养法科学生某一特定能力结合起来，更加缺乏对涉外法律专业的法律英语课程教学方法的特殊性研究的成果〔2〕。其中对于案例教学方法的研究成为学术热点，但是对于案例教学方法的探讨大多着眼于教学方法本身，例如案例教学法的特点、具体操作方法、案例选取、作用〔3〕，而缺乏对案例教学法适用的范围、在整体教学方法体系中具体作用的研究。就法律英语教学方法层面而言，对于交际教学法的研究过于粗略，笔者认为，可以将相邻学科的实证研究成果迁移至法律英语教学方法的探讨中来。在探讨法律英语教学方法的过程中，对于任务型教学方法的迁移与讨论仍然较为缺乏，而在笔者看来，上述教学方法对于法律英语教学方法的完善具有重大的借鉴意义。

笔者认为，合理的法律英语教学方法应当坚持将任务教学模式贯穿整个教育方法体系，应当针对不同专业素养的训练，例如前文提及的法律英语信息的接受能力、法律英语表达与交流能力以及法律逻辑推理与思辨能力，根据相关能力培养自身的特征、学生的外语基础以及涉外法律专业学生培养的特殊目标来确定合适的教学方式。在笔者看来，整个法律英语教学体系应当包括讲授性教学法、互动性教学法〔4〕、案例教学法、模

---

〔1〕 相关研究参见李益军、杨德祥："论法律英语教学法"，载《甘肃政法成人教育学院学报》2005 年第 3 期；王青梅："法律英语教学模式的探索——以案例教学法为例"，载《宁波大学学报（教育科学版）》2003 年第 5 期。

〔2〕 虽然有论者尝试做了一些关于法律英语的教学改革与涉外法律人才关系的分析研究，但是上述研究基本没有涉及涉外法律专业法律英语教学方法特殊性的探讨。

〔3〕 参见王青梅："法律英语教学模式的探索——以案例教学法为例"，载《宁波大学学报（教育科学版）》2003 年第 5 期。

〔4〕 在此处笔者并未将网络教学法罗列在内，主要基于如下考虑：上述教学方法对于学生专业素质的培养并无特殊的作用，从现有的网络平台的作用来看，其教学模式类似于讲授性教学法，而网络平台发展的新趋势——人机交互功能则可以将其归入互动性教学法之中。

拟实践教学法等[1]教学方法。简而言之，笔者主张建构以任务教学模式为指导的，将讲授性教学法、互动性教学法、案例教学法、模拟教学法等诸多教学方法优化组合并为涉外法律人才培养总体目标服务的科学合理的教学方法体系。

（一）作为法律英语教学方法体系灵魂的任务教学模式[2]

任务教学模式（task-based approach）是20世纪80年代以来逐渐兴起的一项语言教学模式，“是以完成具体的任务为学习动力和动机，以完成任务的过程为学习过程，以展示任务成果的方式来体现成就”[3]的教学模式。现有相关理论均对任务教学模式中任务的概念做出了微观层面的界定，有论者（Bygate、Skehan、Swain）认为，“任务是要求学习者使用语言、为达到某个目的而完成的一项活动，活动中强调意义的表达”[4]，也有论者（Ellis）指出，任务应当界定为以意义为中心的语言运用活动[5]。在任务教学模式指导之下，整个英语学习过程并不是冗长而相对缺乏目的性的连续阶段，英语学习过程被“任务”切分为一个又一个具体而细微的不同阶段，我们可以将一个任务的完成视为一

---

〔1〕 法律教学方法的分类参见中国政法大学法律英语教学与测试研究中心课题组：《大学法律英语教学大纲》，外语教学与研究出版社2014年版，第16页；肖鹏：“研究生法律英语教学方法及其应用刍议”，载《广东外语外贸大学学报》2011年第4期。同时笔者不是很赞同《大学法律英语教学大纲》将法律翻译的教学方式单独列举的分类，在笔者看来，上述分类更多是基于教学内容而非教学方法所做的分类，尽管，将法律翻译单独罗列的主要目的或许在于强调其重要性，但这种分类方式对本文研究的问题而言，意义并不大。就该大纲对法律翻译做出的主要界定来看，法律翻译适用的主要教学方法可以归入讲授性教学法之中。

〔2〕 笔者认为，任务教学模式与讲授性教学法、互动性教学法、案例教学法、模拟实践教学法等教学方法并不处于同一逻辑层次，具体教学法可以比较清晰地对应若干具体的教学活动，而任务教学模式则与传统教学模式相对应，是各项具体教学活动开展乃至教学方法选用的目的所在，从这个意义上来说，任务教学模式是具体教学方法的上位阶的概念或者说是指导的思想。

〔3〕 钟启泉：“为了中华民族的复兴，为了每位学生的发展”，载《基础教育课程改革纲要（试行）解读》，华东师范大学出版社2001年版，第260页。

〔4〕 转引自龚亚夫、罗少茜：《任务型语言教学》，人民教育出版社2003年版。

〔5〕 Ellis, R., *Task-based Language and Teaching*, Oxford: Oxford University Press, 2003. 转引自杜洁敏：“任务型教学法在大学英语词汇教学活动中的实践应用”，载《辽宁行政学院学报》2007年第6期。

个英语学习阶段的暂时完结，因此，不同于传统英语学习模式对于连续性的强调，任务教学模式视野下的英语教学过程是跳跃与断裂的。

一般认为，任务型教学模式具有如下的特点：以问题或者说是任务为中心；学生而非教师在学习过程中起主导作用；语言的学习具有十分明确的目的性，即完成特定化的任务；语言的学习更加注重学习者综合能力的培养而非具体知识的灌输；任务的设置与真实生活密切相关。[1]

笔者认为，任务型教学模式应当成为整个法律英语教学方法体系的灵魂，主要基于如下理由：

第一，法律英语作为 ESP（专业用途英语）的一个重要分支，与普通英语不同的是，ESP 英语学习的主要目标在于满足学习者特定的需求，而且上述内容的学习与职业有着密切的联系。相比其他专门学术英语，法律英语课程的实用倾向更加明显，即旨在为从事国际法律事务奠定语言基础。换言之，法律英语课程对于涉外法律人才培养仅仅具有工具的作用，而非旨在建构宏大的逻辑科学体系。而任务型教学模式很好地避免了传统教学模式脱离实际、不甚实用的特征，将相关职业与学习技能的培养贯穿课程的每一个环节。同时，任务型教学模式最大可能地模拟法律英语在英美国家运用的具体情形，进而达到事半功倍的效果。

第二，法律英语课程自身的定位并不仅仅局限于纯粹的英语知识的教授。虽然国内学界普遍认为法律英语课程应当以专业英语讲授为重点[2]，但是这并不意味着法律英语课程完全不涉及

---

〔1〕 对于任务型教学模式特点的概括，笔者综合了斯凯恩（Skehan）、菲兹（Feez）等诸多论者的描述，并根据法律英语教学的特点进行了一定的修正。相关的具体论述参见杜洁敏：“任务型教学法在大学英语词汇教学活动中的实践应用”，载《辽宁行政学院学报》2007 年第 6 期；杜洁敏：“项目学习模式在跨文化交际课程教学中的应用”，载《语文学刊·外语教育教学》2014 年第 4 期。

〔2〕 持这种观点的文献较为丰富，如何宏莲、王巍：“法律英语教学与法律双语教学的关联性分析”，载《佳木斯大学社会科学学报》2006 年第 3 期；封桂英：“大学公共英语、法律英语与法律双语教学的关联性研究”，载《湖北第二师范学院学报》2008 年第 1 期。

专业法律制度特别是英美国家法律制度的讲解，笔者认为两者的培养应当是兼顾的。上述观点在最新出台的《大学法律英语教学大纲》中也得到很好的体现。[1]由于英美法系法律主要通过判例方式呈现，对于如此纷繁复杂的判决进行系统讲解既缺乏相应的课时支撑，又难以达到相应的效果，唯有采取任务型教学模式，以待决问题为导向查找、分析相关判例，掌握英美法系国家独特的法律推理方式，才是正确之道。上述模式也能对涉外法律专业学子适应英美法学院教学模式发挥作用。

第三，在大学课程设置上，普遍法律英语课程被安排在大学二年级或者三年级[2]，参加上述课程的学生普遍通过了大学英语四六级考试，具有相当的语言功底和一定的自主学习能力，因此绝大部分学生能够达到任务型教学模式所要求的基础语言水平。此外，由于任务型教学模式在普通英语课程教学中已经普遍铺开，以中国政法大学为例，大学一年级开始的法学英语、大学英语视听说、读写译等课程普遍要求学生进行口头展示（presentation）、写作小论文、表演情景剧、自主查找英文文献等工作，因此，法律英语课程延续上述教学模式有利于保持教学模式的平稳衔接。

结合学习法律英语课程的亲身经历，笔者认为，在法律英语课程的专业词汇、句型结构、情景会话教学中尤其需要加强任务型教学模式的贯彻。在现有的法律英语课程中，专业词汇的讲授比较脱离司法实践，基本只停留在死记硬背的层面，教师对专业词汇的讲解并没有结合特定的语境。法律专业术语具有极强的专业性，正如前文所述，多用古语、外来语，而教师对上述词源流变、蕴含的法律文化却少有涉及。此外，法律英语考试中对专业

---

〔1〕 参见中国政法大学法律英语教学与测试研究中心课题组：《大学法律英语教学大纲》，外语教学与研究出版社2014年版，第17—18页。

〔2〕 以中国政法大学为例，涉外法律专业大学一年级学习英语视听说、英语读写译等普通英语课程，而在大学二年级上学期学习法律英语课程，其他开设了法律英语课程的大学院校情况类似。

词汇的考察方式，主要采取英汉互译的题型[1]，偏离了任务型教学模式对于专业词汇教学的基本要求，不利于学生掌握专业术语在不同语境下的具体含义，更不利于学生对所学专业词汇加以自主运用输出。笔者坚持，即便在现有的教学条件下，不能完全改变对专业术语英汉互译式的考察方式，也应逐步降低这一题型在法律英语课程评价体系中的重要性[2]，而增加采用语段阅读、法律文书写作、法律意见书起草等其他方式考查专业术语运用能力的比重。

（二）讲授性教学法

讲授性教学法主要是指教师通过口头、多媒体乃至网络平台等各种方式讲解专业英语以及法律制度的知识点，而学生被动接受的教学模式。在很长一段时间内，讲授性教学法成为国内法律英语课程的主要教学方法。

现今学界对传统教学模式的诟病主要集中于讲授性教学法，然而不可否认的是，讲授性教学法在法律英语教学方法体系中仍然占据重要的作用[3]。与传统教学模式不同的是，在任务型教学模式指导下的教学方法体系中，讲授性教学法只是为培养涉外法律专业素质服务的诸多教学方法的一种，而没有取得压倒性的地位。学界对于坚持讲授性教学法的理由分析已达成相当的一致。法律英语自身具有大量独特的专业术语、表达方式与复杂的句式结构，特别是专业术语中大量存在的使用古语、外来语，同一词汇与普通英语意义差别大等情形，对法律英语初学者造成了

---

〔1〕《大学法律英语教学大纲》在某种程度上延续了上述风格，具体参见其样卷部分（Sample test Ⅱ）。

〔2〕根据笔者掌握的情形，不少高校法律英语课程期末考试时英汉术语所占比重高达30%—40%，这一点显然与任务型教学模式背道而驰。

〔3〕中国政法大学法律英语教学与测试研究中心课题组：《大学法律英语教学大纲》，外语教学与研究出版社2014年版，第15页；相关论文参见肖鹏："研究生法律英语教学方法及其应用刍议"，载《广东外语外贸大学学报》2011年第4期；李益军、杨德祥："论法律英语教学法"，载《甘肃政法成人教育学院学报》2005年第3期。

相当困难[1]。此外，零基础的专业英语水平对于开展任务型教学模式也是相当不利的，因此，完全放弃传统教学方法很容易产生学生对专业英语理解不精确甚至出现严重偏差等问题，影响任务型教学模式的实际效果。同时参加法律英语课程学习的同学大多缺乏英美法的基本知识，对于实际案例的法律分析能力较为薄弱，因此特别是在法律英语教学的初级阶段，坚持讲授性教学模式是极其必要的。

为避免传统教学模式的弊端，使得讲授性教学法能够切合涉外法律人才培养的实际，笔者认为，在运用讲授性教学模式之时，应当注意如下三个方面的问题：

第一，关于讲授性教学法的运用范围，应当予以适当限定，主要应当集中于专业法律术语、特殊句型结构以及英美法系基础制度概况等方面。将运用范围作出如此限定的主要目的在于彻底防止传统教学模式中“满堂灌”情形的再现。即使在上述范围之内，教师运用讲授性教学法仍然应当注意讲授与研讨相结合、教师讲解与学生自主学习相结合。在课程的初期，教师应当讲解法律专业术语、句型结构学习的合适方法，特别是要提高运用《元照英美法词典》等专业工具书自主学习专业术语、句型结构的能力；同时，教师应当要求学生自主预习相应课程内容，自主学习和掌握相应的专业术语、句型结构，对于学生普遍存在理解障碍的专业术语予以重点深入讲解。为了彻底改变传统教学模式中对专业词汇死记硬背的教学和学习模式，教师在运用讲授性教学法教授专业术语知识时，应当注意将术语的教学置于特定语境之下，注重学生法律英语阅读能力的提升，使得专业术语的学习充分体现任务的导向。在提高阶段，教师应当训练学生实际运用所学专业术语的能力，使得涉外法律专业学生真正具备法律英语交流与沟通能力。

第二，现行的法律英语课程教学大纲将法律英语课程分为基

---

[1] 中国政法大学法律英语教学与测试研究中心课题组：《大学法律英语教学大纲》，外语教学与研究出版社2014年版，第15页。

础课程群、提高课程群以及自选模块课程，[1]在课程的基础阶段，讲授性教学法所占比例较大，甚至在课程引入阶段，讲授性教学法在整个教学方法体系中仍应占据主导地位，但随着课程的展开，讲授性教学法的重要性逐步降低，在课程提高阶段乃至自选模块课程阶段，讲授性教学法应当被定位成一种辅助的教学方法。

第三，讲授型教学方法的具体运用应当包含口头讲授、使用多媒体技术讲授、网络平台讲授等多种具体的形式，特别是对网络平台讲授的作用应当予以重视。在笔者看来，网络平台是教师课堂讲授的有机延伸，现有网络平台的主要功能仍然集中于知识的讲解[2]，因此，将上述平台归入讲授性教学方法的范畴是合适的。网络课程（微课）设置灵活多变，[3]与传统讲授相比，能够最大限度地将相关试听材料融入课程教学内容之中，同时，微课的模式也很好地体现了任务型教学模式，每一课都围绕某一特定的主题展开，能够很好地解决法律英语课程庞杂的教学内容与相对有限的课时之间的冲突问题。

（三）互动性教学法

互动性教学法强调法律英语教学应当是师生共同参与的过程，这一教学方法强调师生之间的信息交互，学生并不是被动地从教师处获取信息而是主动参与课程学习的全过程。一般而言，互动性教学法主要包括课堂提问与讨论[4]、情景剧表演、口头

---

〔1〕 中国政法大学法律英语教学与测试研究中心课题组：《大学法律英语教学大纲》，外语教学与研究出版社2014年版，第10页；在这一课程大纲中，法律英语课程根据具体要求不同分为A、B两类，显然涉外法律专业应当适用要求更高的A类课程，下文所有的讨论都是建立在A类法律英语课程的基础之上的。

〔2〕 以笔者适用的外研社英语学习平台法律英语课程为例，该在线课程每一课主要包括课程导入、课前测试、美剧播放、法律制度讲解、法律文化透析、语音测评、自我测试等若干主要环节，其主要作用仍然是知识的输入。

〔3〕 相关报道参见Jana Jan：“微课，你准备好了吗?”，崔娟译，载《中国远程教育》2014年第10期。

〔4〕 肖鹏：“研究生法律英语教学方法及其应用刍议”，载《广东外语外贸大学学报》2011年第4期。

报告、小组展示[1]等形式。从互动性教学法所包含的具体形式而言，互动性教学法旨在培养学生的法律英语交流与沟通能力以及综合运用法律英语专业技能的能力。无论是情景剧的表演，抑或是小组展示，都体现了“任务为导向”的教学思想。在上述活动中，学生必须围绕某一主题进行自主的资料查找、学习研究，并将自主学习的成果通过法律专业英语的形式呈现出来。因此，互动性教学法旨在培养学生的法律英语综合运用能力，特别是法律英语口头表达能力。互动性教学法是英美法学院普遍采用的教学方法之一，通过法律英语课程的相关训练，涉外法律专业学生能够很好地适应英美法学院教学模式；同时，互动性教学法能够在一定程度上模拟法律英语实际运用的语言环境，有助于本专业学生掌握必备的专业工作技能。

下面来详细探讨互动性教学法具体方式的独特作用以及适用的范围：

第一，课堂提问与讨论是一项运用广泛的教学方法，适用的范围不限于基础词汇、句型结构、具体法律制度，而且应当适用于具体案例分析的教学中[2]，限于本文采取的分类结构，笔者在此处仅讨论前一种类型。正如相关论者阐述的那样，课堂提问与讨论主要起到先破后立的作用，即首先清除学生头脑中的错误观点，并使之觉悟到自己的无知，从而唤起其强烈的求知和追求真理的欲望。然后，通过继续发问和对答，在教师不给出现成答案的前提下，引导学生最终得出真理性的认识[3]。这项教学方法主要适用于疑难词汇、长句理解以及英美特有的法律制度等重难点问题，能够有效提升教学效率，使得学生对于整个知识体系的理解更加全面完整。另外，提问与讨论的过程也是信息不断输入与输出

---

〔1〕 杜洁敏：“项目学习模式在跨文化交际课程教学中的应用”，载《语文学刊·外语教育教学》2014 年第 4 期。

〔2〕 肖鹏：“研究生法律英语教学方法及其应用刍议”，载《广东外语外贸大学学报》2011 年第 4 期。

〔3〕 肖鹏：“研究生法律英语教学方法及其应用刍议”，载《广东外语外贸大学学报》2011 年第 4 期。

的过程，学生不仅需要聆听教师对于相关问题的理解，而且需要在聆听的同时，对相关问题进行理性分析，并将自己对相关问题的理解以适当的方式加以表达，因此，上述教学方法能够十分有效地提高学生的法律英语听力水平与法律英语口头表达水平。

第二，情景剧的表演的教学模式已被广泛运用于大学英语视听说、跨文化交际等普通英语课程之中，[1]部分高校的法律英语类课程也有所尝试。以笔者参加的中国政法大学开设的法律英语视听说课程为例，教师将全班分为若干小组，每一小组围绕某一特定的刑事诉讼程序，选取相应的美剧片段，模拟法庭场景进行表演，并由教师对每一小组的表现进行评价。笔者认为，在法律英语课程中，情景剧表演的教学模式尤其适用于刑事诉讼法、民事诉讼法等程序法的教学过程。在英美法系中，上述程序法内容庞杂、细节繁多，不易全面掌握，采取情景剧表演的模式有助于增加学习过程的趣味性，提高学生的学习积极性。同时，采取情景剧表演的方式也能扩大课堂的参与程度，使每个学生真正“卷入”课堂之中，从而全面提升法律英语口头表达能力。

第三，口头报告与小组展示也是任务型教学模式的重要体现。与情景剧表演不同的是，口头报告与小组展示对思维水平要求更高，口头报告不仅要呈现现有的研究成果，而且要求学生对现有研究成果进行反思、批判，并针对其存在的问题，提出自己独到的见解。具体操作的模式，笔者建议参照其他英语课程的教学实践，即在开学之初，选定课题方向，并制定具体研究的计划，如研究方法、研究重难点、时间安排等，并上报教师，教师对研究计划进行修正后，由学生开始实施上述研究计划，并最终以口头报告或者小组展示的方式加以呈现[2]。同时，课题的选

[1] 相关的课堂实践参见张秋云：“小组短句任务与视听说课堂教学模式研究”，载《外语电化教学》2009年第3期；杜洁敏：“项目学习模式在跨文化交际课程教学中的应用”，载《语文学刊·外语教育教学》2014年第4期。

[2] 杜洁敏：“项目学习模式在跨文化交际课程教学中的应用”，载《语文学刊·外语教育教学》2014年第4期。

择宜小不宜大，要注意挖掘自主研究的深度，例如，传闻证据规则（hearsay rule）的例外情形、英美法系国家刑事案件上诉的法律基础研究等课题就具有很强的研究价值与可操作性。

（四）案例教学法

众所周知，案例教学法是美国法学院普遍采用的主要教学方法，[1]对于法律英语课程教学有着很强的借鉴意义。案例教学法是指对于法律制度的教学并不是通过教师讲解庞大的现行法体系而是通过大量案例分析的方式进行。因此，案例教学法的着眼点在于法律制度本身而非语言知识本身。学界有论者指出，案例教学法的主要目的在于培养和训练学生综合运用语言的能力[2]，这样的观点将法律英语课程的教学目标完全限定在语言知识的学习之上，而忽视了法律制度的学习，是不可取的。如果案例教学法的主要功能仅限于此，则案例教学法在很大程度上就失去了其独特的意义，因为相关论者主张，通过案例教学法来增强学生语言能力的意图在其他教学方法例如讲授性教学法、课外语段阅读中也能得到很好的实现。确实，法律英语课程应当注重法律英语语言能力的培养，但这种语言能力的培养必须坚持以任务为导向，换言之，法律英语语言能力的培养仅仅具有工具的价值，而缺乏自身的内在价值。从这一点来看，英美法律制度的教学应当占据至关重要乃至根本的地位。借用王泽鉴先生的一句话，我们不妨将语言能力培养与法律专业知识训练看成是法律英语课程的“任督二脉”。

而在笔者看来，案例教学法的推广，其目的正是培养和训练英美法专业技能。笔者的上述观点在最新颁布的《大学法律英语教学大纲》中也能得到很好的印证。该大纲将案例教学法的主要目的定位成“让学生学会如何通过精准恰当的法律语言去感受获

---

〔1〕 杨莉、王晓阳：“美国法学教育特征分析”，载《清华大学教育研究》2001年第2期。

〔2〕 王青梅：“法律英语教学模式的探索——以案例教学法为例”，载《宁波大学学报（教育科学版）》2003年第5期。

得这些法律知识的过程，体验法律职业所必需的思维方法和解决实际问题的能力”〔1〕。这一目标与笔者在本文第二部分论证的涉外法律专业的培养目标是高度契合的，再次验证了法律英语课程在涉外法律人才培养过程中所发挥的重要作用。实践证明，案例教学法对于提升涉外法律专业学生综合法律能力有着极其显著的效果，以清华大学法学院开设的《普通法精要Ⅰ—Ⅳ》系列课程为例，该课程全面采用了美国法学院案例教学的方法。与未全面采用上述方法的其他法学院相比，清华大学法学院相关专业毕业生赴英美顶尖法学院校攻读LLM、JD等学位的比例遥遥领先，毕业生在英美法学院成绩优异，发展空间广阔。这一事例无疑进一步佐证了推广案例教学法的必要性。同时，案例教学法的运用也有助于法律文献检索能力的培养，英美法系判例的庞杂为世人所皆知，随着现代信息技术的发展，westlaw等一批英美法判例数据库陆续推出，为判例查找提供了极大的便利。在法律英语课程中，教师应当讲解如何使用相关数据库快速查找相关判例，切实提高学生自主查找、检索案例的能力。

结合笔者参加法律英语课程的亲身经历，对于案例教学法的具体操作要求提出若干看法：

第一，案例教学法应当主要适用于法律英语的提高阶段，在法律英语课程的前期并不适宜广泛采用。案例教学法旨在综合培养学生的法律英语运用能力以及英美法律制度的运用能力，因此，对于学生相关能力的基础有着一定的要求，正如新近出台的教学大纲所言，（法律英语）前期的讲授式教学和大量参考阅读为案例教学的开展打下了良好的基础。

第二，案例的数量应当适当增加，现有的教材包含一定数量的案例，但案例的数量明显偏少，难以满足涉外法律人才培养的

---

〔1〕 中国政法大学法律英语教学与测试研究中心课题组：《大学法律英语教学大纲》，外语教学与研究出版社2014年版，第16页。

需要。以齐筠主编的《法律英语教程》[1]为例，该教程每一单元仅包含一个案例，而每一单元却包含一个部门法的内容，换言之，每一个部门法仅仅包含一个对应的案例，显然是难以起到案例教学预期效果的。笔者建议可以以具体的法律制度——例如私人滋扰（private nuisance）——为主题编排案例。

第三，以案例为载体，训练学生的法律思辨能力。正如朱庆育教授指出的那样，法学不同于自然科学，法学是规范科学[2]，因此，对于同一法律问题存在多种论证路径乃至多种见解是极其正常的。同时，一些重大案件，例如有关堕胎、同性恋权益的案件，背后涉及不同价值观念的冲突，更加需要法律人运用自身的理性思维能力加以判断、甄别并最终得出结论。作为需要综合运用各项法律专业技能与语言能力的案例教学法理应在思辨能力的培养方面有所作为。

（五）模拟实践教学法

模拟实践教学法，是指通过模拟法庭辩论、法务谈判、法庭调解等司法活动、参与涉外法律实务工作而进行的教学方法。模拟实践教学法由模拟教学法与实践教学法两部分组成。有论者在探讨模拟教学法之时，仅仅论及了模拟法庭教学法，[3]但事实上，法律英语课堂可以采取的模拟教学法涵盖的范围远远超出模拟法庭一种，法庭庭审、法务谈判乃至议会辩论等一切与法律实践密切相关或者能够提升学生思辨能力与英语表达能力的活动都可以成为模拟教学法所仿效的对象。同时，笔者认为，模拟教学法仅仅是法律英语课程实践教学的中间环节，而并不是法律英语实践教学的终点。在学生经过一段时间模拟教学法训练之后，可

---

〔1〕 齐筠主编：《法律英语教程（第2版）》，高等教育出版社2011年版，第55—60、80—92页。

〔2〕 朱庆育：《我们不是要阐明某个事实，我们是要建构意义》，浙江大学2014年11月讲座整理稿，未刊。

〔3〕 肖鹏："研究生法律英语教学方法及其应用刍议"，载《广东外语外贸大学学报》2011年第4期。

以进行实务教学，以进一步提升学生的法律英语实务能力。[1]虽然模拟教学法与实践教学法并不是逻辑上的隶属关系，且传统观点认为实践教学与课堂教学是相分立而并存的不同教学内容，但模拟教学法与实践教学法有着密切的递进关系，两者的内容与功用具有很强的相似性，因此，笔者为了讨论的便利，建构了涵盖模拟教学与实践教学两者内容的上位概念——模拟实践教学法，将两者置于同一框架下探讨。

涉外法律专业的培养目标是能够参与国际法律事务的复合型人才，因此，本专业对于思辨能力与语言表达能力有着极高的要求，要求广大学生具备精明睿智、推理严谨、判断准确、条理清楚、言简意赅、统筹权衡等职业特质[2]。在笔者看来，模拟教学法能够很好地提升学生的思辨能力与语言表达能力，高度逼真的角色扮演能够使得学生迅速进入特定的语境状态，找准自己的角色定位，快速地作出反应，从而使广大学生的临场应变能力与解决实际问题的能力得到较大幅度的提升。与案例教学法等其他教学方法相比，模拟教学法更好地体现了以学生为中心的教学理念，[3]带有极强的任务导向，因此，对提升具有一定法律与专业英语基础的学生的综合运用能力是十分有效的途径。尽管现阶段各大高等院校普遍存在 WTO 模拟法庭、杰塞普国际法模拟法庭等以英语为比赛语言的各类模拟法庭比赛，然而这类比赛往往具有十分严格的遴选程序，对于个人能力要求甚高，覆盖面很小，以中国政法大学为例，涉外法律专业没有同学参与上述比赛，提升广大学生的思辨能力必须依赖其他路径。因此，采用模拟教学

---

〔1〕 上述观点在《大学法律英语教学大纲》中也有所体现，参见中国政法大学法律英语教学与测试研究中心课题组：《大学法律英语教学大纲》，外语教学与研究出版社 2014 年版，第 14 页；但上述大纲中提及的实践教学模式仍过于单一，笔者将在下文详细阐述改进意见。

〔2〕 淮艳梅、王家明、袁庆锋：“‘议会制英语辩论课程’的交互理据与效应——‘国会议员’角色协同对思辨能力与二语习得的促进作用”，载《外国语文》2013 年第 4 期。

〔3〕 中国政法大学法律英语教学与测试研究中心课题组：《大学法律英语教学大纲》，外语教学与研究出版社 2014 年版，第 16 页。

法势在必行。但是，模拟教学法毕竟只是“模拟”，与实务仍然存在一定的差异，模拟教学法虽能较快地提升初学者的法律实务能力，但并不是最佳路径。作为实践性很强的法律英语学科，如果课程过程中并不包含实务训练的内容，则课程预设的目标是难以完全实现的。同时，上述实务技能与涉外法律人才培养目标息息相关，因此，对于涉外法律的法律英语课程而言，实践教学法应当受到格外的重视。

在贯彻落实卓越法律人才教育培养计划的过程中，中国政法大学逐步探索形成了同步实践教学模式，该模式将实践教学贯穿于整个法学人才培养的全过程，同步完成知识学习和职业技能的培养、同步完成法律职业意识和职业素养的培养、同步完成国际视野和国情意识的培养[1]。笔者认为，上述教学模式对于改变法律英语课程长期以来僵化单一的教学方法，增强法律英语课程理论学习与法律实务的密切程度，具有重要的借鉴意义。结合法律英语课程的自身特点以及模拟实践教学法在现实运用中出现的问题，笔者对于这一模式在法律英语课程教学中的具体运用，提出如下建议：

第一，在适用时段上，应当坚持“理论教学—模拟教学—仿真教学—全真教学”的递进式课堂模式[2]。具体而言，模拟教学法应当主要在法律英语课程的后期阶段适用，模拟教学法的适用总体上应当在案例教学法等理论教学方法运用之后，适用模拟教学法的学生应当具备独立的判例查找、阅读、分析等能力，对于相关法律英语术语、相关法律程序较为熟悉，具有初步的法律问题解决能力。随着模拟教学法的逐步开展，上述活动应当逐步增加难度，逐步向接近涉外实务的方向发展，以切实提升学生的涉外法律实务解决能力。在法律英语课程理论部分结束后，可以

---

〔1〕 黄进、张桂林、李树忠、于志刚：“创新同步实践教学模式 培养卓越法律人才”，载《中国高等教育》2014 年第 17 期。

〔2〕 黄进、张桂林、李树忠、于志刚：“创新同步实践教学模式 培养卓越法律人才”，载《中国高等教育》2014 年第 17 期。

进一步开设法律英语实务课程[1]，选派优秀学生前往涉外法律实务部门进行实习，实现课堂教学与实务部门的无缝衔接。

第二，模拟教学法要求高度的逼真性，模拟教学法绝不能蜕变为“演戏”。这是针对现实教学中模拟法庭等活动事先互对台词、相互串通等现象而提出的要求。模拟法庭、模拟法务谈判虽名为“模拟”，但不能过分失真。如果模拟法庭等活动的整个流程事先完全确定，整个过程形同演戏，则学生的现场反应能力、逻辑分析能力势必无法得到提升，整个活动便流于形式，失去其原有的意义与价值。笔者承认在模拟教学的最初阶段，考虑到学生相关能力有限的具体情形，应当适当控制模拟法庭、模拟法务谈判等活动的难度，选用较为简单的案例与事例，在模拟程度上也可灵活处理。但这只是针对初阶学生的应变措施，而不应当成为模拟教学法的常态。随着模拟教学法的展开，相关模拟活动的模拟程度应当逐步提升，为向实务教学过渡做准备。

第三，扩展课堂空间，充分利用涉外司法实务资源，实现与实务部门的双向互动。正如黄进教授分析的那样，“传统的实践教学定位过窄，只是理论知识学习后验证、检验知识的环节或者手段，处于人才培养的末端环节，是法学人才培养中的形式性环节。实践教学长期以来一直和课堂教学对立”[2]，这一现象在法律英语课程上尤为突出，传统法律英语课程甚至缺乏相应的实践教学内容。因此，笔者主张建构“大课堂”的概念，将法律英语实务训练融入法律英语课堂之中，使之成为与法律英语理论学习并举的重要教学内容。换言之，法律英语教学不应当局限于课堂狭小的空间之内，而应当扩展至相关学科竞赛、实务部门实践等诸多方面。

---

〔1〕 中国政法大学法律英语教学与测试研究中心课题组：《大学法律英语教学大纲》，外语教学与研究出版社2014年版，第16页。

〔2〕 黄进、张桂林、李树忠、于志刚：“创新同步实践教学模式　培养卓越法律人才”，载《中国高等教育》2014年第17期。

笔者认为，加强实践教学可以采取如下具体措施[1]：

第一，建立资源共享平台。法律英语课程普遍存在教学与实务相脱节的内容，法律英语相关教程多为英美法律制度的简要介绍，对于最新司法动态、典型判例、大案要案、庭审录像等实务内容少有涉及。由于教材着眼于基础、注重体系的固有属性，上述内容难以通过教材的形式呈现。因此，建立资源共享平台有助于弥补教学内容的缺陷，最大程度实现教学内容与涉外法律实务的同步。

第二，构建实践联合平台。选派优秀学生前往涉外律师事务所、政府涉外机关、跨国公司等相关单位实习；同时，考虑到涉外法律实务具有跨国性等特点，应当加强与外国司法实务部门、国际法院等机构的联系，创造条件，选派学生前往上述机构实习。据笔者的了解，中国政法大学已经开展的密歇根州法院实习项目、德国联邦议会实习项目[2]取得了不错的效果。笔者建议进一步扩展项目数量，并使之成为法律英语教学的有机组成部分。

第三，引进涉外法律实务专家担任课程教师。笔者建议借鉴中国政法大学聘请最高人民法院法官、最高人民检察院检察官担任兼职教授的成功经验，聘请在涉外法律实务方面具有丰富工作经验和较高理论素养的专业律师、政府涉外部门官员、外国司法人员、国际组织工作人员担任法律英语课程的兼职教师。

---

〔1〕 相关的建议与措施参考了中国政法大学的实践做法，相关论述参见黄进、张桂林、李树忠、于志刚："创新同步实践教学模式 培养卓越法律人才"，载《中国高等教育》2014年第17期。

〔2〕 黄进、张桂林、李树忠、于志刚："创新同步实践教学模式 培养卓越法律人才"，载《中国高等教育》2014年第17期。

百花园

SPRING GARDEN

源于牛津的本科生导师制如何在中国生根发芽?

——基于运作困境的观察及消解路径的思考 *

◎ 胡晓玲 **

内容摘要：源自牛津的本科生导师制在历史上取得的辉煌成绩充分诠释了其成功之处，然其能否被引入中国本土，且和现行体制融合生长并生根发芽，是颇为值得探究的问题。现实观察的结果是，这一制度在运作中存在诸多障碍，亟需给予足够的理论关怀，设计妥帖审慎的全方位解决方案才能保证其有效走出内在困境。

关键词：本科生导师制；困境；路径

导师制的教学模式肇始于14世纪时的牛津大学，得益于该制度的实施，牛津大学先后培养出4位英国

* 基金项目：国家社科基金项目“管制性征收”（13BFX049）；西北政法大学教改项目“西北政法大学本科生导师制实施中的问题及改进路径研究”（XJY201210）的阶段性研究成果。

** 胡晓玲（1979—），女，山西大同人，西北政法大学行政法学院教师，法学博士。

国王、46位诺贝尔奖获得者、30位英国首相，他们为该校赢得了巨大荣誉，这一切使得该制度在全球范围内风靡推广。加拿大的斯蒂芬·利考克教授曾这样描述当时的导师制，“导师与二三学子，时常相聚一堂，或坐斗室相对论学，或集诸子茶点小饮于导师之家，剖析疑难而外，并得指示学生修养之法，解答学生个人问题。导师视门人如子弟，门人视导师如良师益友，从家之期虽暂，而缔交辄终身，受其潜移默化，不觉品德与学问俱进也”〔1〕。20世纪30年代，留学牛津的费巩教授把导师制引荐到中国，以浙江大学为代表，导师制在国内盛行了一段时间；21世纪初，以北京大学为代表，开始推行起新一轮的本科生导师制，而且不仅本科院校，许多高职高专院校也跟风而上，一时间导师制发展成为教育领域里一道颇为引人瞩目的风景线。〔2〕在导师制风起云涌般兴盛之余，沉潜下来观察其现状，却发现现实运作中的导师制存在诸多伤痛，亟待给予有效的解决方案。

一、我国本科生导师制运作中存在的困境聚焦

（一）“多面手”的导师制度设计，定位就是错位的

在牛津，导师制度下的导师，其职责定位是以学业指导为主兼及其他，即其“导”的核心是集中于专业技能上的帮助指引和提升。反观我国，导师制中对于导师的定位却是多面手的，是“全导”——“思想上引导，学业上辅导、科研上指导、心理上

〔1〕 刘永主编：《牛津人的辉煌》，延边大学出版社2001年版，第21页。

〔2〕 如江苏南京的中医药大学护理学院从2001年开始进入第一批本科生导师制的培养运作制度；2003年江西的南昌大学教务处下发了《南昌大学导师工作条例》；浙江大学于2004年制定通过《浙江大学本科生导师制暂行规定》；安徽财经大学于2009年通过《安徽财经大学本科生导师制管理办法》；2012年4月宁波大学法学院还制定通过了适用于本院的《宁波大学法学院本科生导师制实施办法》等等，类似的规定在很多高校都有踪迹，在此不再赘述。

疏导，生活上督导，就业上扶持"[1]，这种多功能全方位的要求，加大了导师的指导内容，也夸大了导师的指导能力，使其承载了不能承受之重，而指导内容的过多以及指导任务的太过宽泛，只能导致结果是蜻蜓点水，一带而过，不能突出发挥其核心功能。把导师当作多面手的设计，看似面面俱到，无有疏漏，但实质太理想化，根本无法落实，这种设计最终导致导师制流于形式。

首先，教师在本科生导师制中能投入的时间和精力必然是有限的。在目前科研挂帅的考评机制下，重科研轻教学是一种在高校普遍存在的倾向，这种现象存在的不合理性有目共睹，也一直为人所诟弊，但基于教学难以短期量化，在方便操作的考评思路下，必然导致急功近利的这样一种“近视化”悖论存在，欲将其扭转却也在当下难逆乾坤，这样的吊诡下人人哀叹，却又多被其裹挟前行。在这样的背景下，“以学生为中心”的教学理念，所谓的“教师主导—学生主体”的模式沦落为一种美好的憧憬，在这样的机制下，教师对学生投入的精力必然是有限的。

其次，将导师视为“全能”的制度设计拔高了导师的层次。虽然我们说“学高为师，德高为范”，但并不是每一个进入教师队伍的人，道德品质都没有问题。人无完人，瑕疵之处自不待言，还有很多教师岗位上的人，其品德就有问题，君不见何其多的高校科研丑闻、教授生活丑闻不时在各大媒体上泛滥发酵，教

---

[1] 如2009年7月颁布的《北京大学工学院导师制管理办法》第7条前两项规定导师应该履行如下职责：①关心学生的思想进步，引导学生树立正确的世界观、人生观和价值观，促进学生知识、能力、素质协调发展；②针对学生个体差异，对新生入学、学生选课、专业方向选择、个人学习计划制定、学年社会调查、职业生涯设计、本科毕业论文撰写、考研、就业等方面进行全面指导。2011年3月通过的《西北政法大学本科生导师制试行办法》第3条前两项规定导师应当履行以下主要职责：①关注学生的思想状况，引导学生树立正确的世界观、人生观和价值观，帮助学生强化专业思想、端正学习态度，注重学生科学精神、人文精神、创新精神以及专业素养的培养；②发挥自身专业优势和知识结构优势，针对学生的个体差异因材施教，从学习方法、学习进程、实践活动、科学研究、职业生涯规划等方面对学生给予指导，当好学生的参谋。

师本身素质的参差不齐，导致多面手的设计太过理想化。上述评价似乎有所过激，退而言之，具体的指导必然要求导师要和学生有多次的直接接触交流，抛却学术水平，至少需要足够的责任心和对学生的精心呵护照顾，但并非所有的教师都会如此，现实中有些教师对于担任本科生导师根本就没有热情。赫尔巴特说，“教育的唯一工作与全部工作可以总结在这一概念之中——道德”〔1〕，纽曼在《大学的理想》中说，“大学要做的事情就是要把理智的培育作为其直接范畴，或者是投身于理智的培育”〔2〕。教师这一职业本身就是一个“良心活”，在教学中真正投入了多少的爱心，以怎样的精力培育提高了怎样的道德，让理智的层次提升到了何种高度，这是很多教师所缺乏甚至根本不思考的。

最后，导师多面手的设计和高校辅导员的职责有所重合。在现行制度下，高校普遍实行辅导员制度，一个年级由一到几名辅导员对该年级所有学生进行日常生活、评奖评优、入党、推免保研等方面全方位的管理和辅导，某些高校甚至要求辅导员和学生“同吃同睡”，因其掌握着评奖等方面的“生杀”话语权，其在学生中往往有很大的威信。虽然辅导员因其管辖学生众多，无法对每位学生作细致入微的辅导，需要专职任课教师对其疏漏处进行弥补，但现实是，学生和教师有着一种天生的隔膜，而且专职任课教师还不具备辅导员老师所拥有的丰富的与学生交往的实务经验及心理疏导技能，且对于功利的学生而言，专职教师没有“奖惩”控制权，甚至于出现与导师见面都是“给导师面子”的应景现象。况且，大学生已是成年人，基本的是非判断能力已经具备，某些对于专门从事学生工作的辅导员都无处使劲之处，对于主要从事教学科研的导师而言，更有赶鸭上架之嫌。而且，这其间涉及导师和辅导员职责的重叠之处，如何厘清界限？对于辅导员或导师而言，如果仅仅是奖励还好说，在自杀或斗殴偷盗事件

〔1〕《赫尔巴特文集》，李其龙、郭官义译，浙江教育出版社2002年版，第12页。

〔2〕John Henry Newman, *The Idea of a University*, London etc: Longmans, Green, and Co., 1907, p. 125.

频频出现于高校的现今，如果学生产生什么事故或意外，究竟算是谁的思想引导或心理疏导工作没做好？由谁来承担更多的责任？

（二）导师资源匮乏，师生比例失衡

“师生互动不仅与师生的个体意愿和能力有关，更与院校环境条件、制度安排和工作价值观相联系。”[1] 在高等教育已由“精英教育”沦为“大众教育”之际，高校的师资必是严重不足的，这客观催生大量刚毕业的学生没有经过严格的教师岗位培训或必要的一年左右的轮训期，就迅速转换角色成为一线教师。更为糟糕的是，即便如此，与扩招后更为激增的学生而言，教师的数量仍然是不足的。

首先，根据教育部官方数据统计，2010 年我国普通高校专任教师 134.31 万人，30 岁以下的 33.64 万人，占 24.3%；31 岁至 40 岁的 50.69 万人，占37.74%。[2] 2012 年度统计结果显示，高校教师中 45 岁以下的占74.71%。[3] 无疑，青年教师已经成为高校教师的主力军，他们在带动教学科研绽放更多青春活力之际，也带来了些许问题。一方面，青年教师转换角色意味着其要迅速地开始承担繁重的教学科研任务，而在诸多高校导师制的导师职责考评指标中，普遍要求其至少每月要见每位学生一次，且不能仅采用集体见面形式，并需要有学生签名的书面记录作为证明，该记录还作为教师年终考评甚至晋升职称的重要考评指标，这必然加重了青年教师的工作量。而另一方面，青年教师在进入教师队伍之际，普遍面临着人生中成家立业的转折期，其要买房结婚生子，在高校薪酬待遇较为低下的当今，生活条件窘迫、经济拮据的状态使其不得不通过从事兼职等方式获取一些零星补贴，加

---

〔1〕 史静寰、李一飞、许甜：“高校教师学术职业分化中的生师互动模式研究”，载《教育研究》2012 第 8 期，第 47—55 页。

〔2〕 “中国教育概况——2010 年全国教育事业发展情况”，载 http：//www.gov.cn/test/2011 - 10/31/content_1982280.htm.

〔3〕 “教育部：2012 年全国各级各类学校专任教师 1462.88 万人”，载 http：//politics.people.com.cn/n/2013/0903/c1001 - 22793748.html.

之家务事的耗费以及个人进一步留学或深造的学习任务，这些都导致其时间是颇为紧张的。而在一定时间内，人的精力绝对是有限的，在无暇的前提下，一些任务的苛加只会导致敷衍了事，最终流于形式的结果出现。

其次，师生比的严重失调。资料显示，“在西方发达国家大学，哈佛大学师生比为1∶7，耶鲁大学的师生比是1∶6，普林斯顿大学师生比为1∶5，德国慕尼黑工业大学的师生比更是达到了1∶3，而中国，北京大学的师生比是1∶10，这里的师，又包括了大量的行政工作人员、医院、后勤人员。北大的师生比是最好的了，更多的高校，师生比多是在1∶20以上，有的甚至在1∶40以上”[1]。就笔者所知，在一些大学，导师仅和所带的博士及硕士研究生的比就达1∶10以上，个别院校科研项目多的导师，比例甚至达到1∶20，教师资源的拮据可见一斑。在这样的情况下，如果再输入本科生导师制，如此多的学生，如何能做到每个学生都被全方位个性化指导?! 学生过多的结果，“会使得小组讨论变成导师和若干活跃学生的讨论，而其他学生则成为旁观者”[2]，怎样设计一种行之有效的方案来保证每位学生获得切实有效的帮助，并且成才? 固然孔子门下三千弟子，只有七十二贤士，成“家”的更是凤毛麟角，但渴望“桃李满天下”是每一位有操守的教师都梦寐以求的荣耀，到底如何设置一种可行机制实现这种期许，实为值得教育界领导层及诸多教师认真思量的重大课题。

（三）缺乏运作经费和指导场地等硬件设施的支撑

一个制度的正常运转自然是需要必要的经济作支撑的，导师制的运作概莫能外。相较于一般制度而言，导师制还是一种耗费昂贵的制度，作为有着深远绅士文化风格的民族，牛津本土的导师制是和草地蓝天、潺潺小河、优雅的咖啡厅、古香的书店相联

---

〔1〕 唐晓敏：“中国高校发展应尽快改善‘师生比’”，载 http://blog.tianya.cn/blogger/post_read.asp? BlogID=1921717&PostID=49604662，2013-02-17.

〔2〕 Harry E. Stanton, “Improving the University Tutorial”, *Improving College and University Teaching*, 1982, pp. 87-90.

系、是和秉烛彻夜长谈相伴随、是“老少学者居息一堂，朝夕切磋”[1]、是“头脑与头脑，心灵与心灵之相遇和对话”[2]的过程，其具有时空的高度随意性，只要是探讨问题所需，只要是兴之所至，无可无不可，氛围是非常的轻松自如，但却总具有学术性的红线。牛津甚至于还会为导师配备一套房间，以方便学生和导师的直接性对话交流。克拉克·伯顿曾说：“导师制实质上是一位导师和一个学生之间面对面的，因而是高度个人之间的接触和交流。由于这种形式的制度依靠学生对教师的低比率，它本质上是一种高成本的制度。”[3]个人化定制模式的导师制，耗费是非常昂贵的，“牛津平均每年花费在每个本科生身上的费用约为1.6万英镑”[4]。在现今的牛津，要运行这一成本不菲的传统，也绝非易事，随着大学招生规模的进一步扩张，牛津原来一对一的指导方式受到了很大冲击，现在常将其和小组讨论模式结合起来，但其指导规模仍是较小的，对于导师而言，精力还是足够的。牛津坚持这一传统的根本缘由是认为创造性的思维首先在于，培养的学生要具有独立思考问题的能力，具有批判思维，而其只有在无拘束的氛围下才会更好地产生。

反观我国的本科生导师制运作现状，其在硬件设施上的配套是让人堪忧的。虽然近年来，高校普遍兴起两地办学，办公条件有较大改善，但相对于需求而言是远远不够的。某些高校为了抓科研推行工作室制度，且将教研室收回重新加以分配，一般是教授一人一间，副教授或者博士两人一间。姑且不谈大量“青椒”

---

〔1〕 金耀基:《大学之理念》，生活·读书·新知三联书店2001年版，第18页。

〔2〕 金耀基:《大学之理念》，生活·读书·新知三联书店2001年版，第25页。

〔3〕 [美] 克拉克·伯顿:《探究的场所——现代大学的科研和研究生教育》，王承绪译，浙江教育出版社2001年版，第65页。

〔4〕 林培：“牛津大学校长：牛津，世界一流的‘穷’大学”，载http://www.gmw.cn/content/2010-05/14/content_1121179.htm，2011-12-03，参见朱剑：“经济危机背景下的牛津大学导师制：何去何从”，载《比较教育研究》2013年第1期，第32—36页。

不是博士或者尚未评为副教授，即便是副教授或者博士，甚至同时兼为副教授和博士，在有限的资源面前也不能人人尽得一杯羹。没有分到工作室，教研室也被收回了，开展公共交流的场地也就意味着没有了。笔者了解的情况是，现实中很多教师只能是借助于某些教室无课之余，将一些上自习的学生劝走，而且还要在有限的时间内尽快指导，因为下一节时，教室还可能有课。无奈下，有些教师充分发挥主观能动性，与学生在校园的亭坊、花池边甚至到茶社、KFC 店自己掏瘪瘪的腰包与学生交流，虽然其也貌似有了牛津导师制的优雅外表，但却和牛津自发的兴之所至之交流，在属性上截然不同。

此外，高校所建新校区大多都地处偏僻，周边配套环境不太完善，教师迫于子女入托、入学等原因，大多仍不得不居住于原住所地，客观上也导致其不能和学生随意见面交流，而这自然不可避免会导致交往上的生分，使得有限的指导沦为“为了见面而见面”。当然，因为这种原因导致的改变若假以时日，随着周边设施的进一步完善应该会得以缓解。

二、消解本科生导师制困境的路径探寻

（一）本科生导师制要以专业指导为基本定位

牛津本土的导师制，事实上是以专业指导为基本导向的，某种意义上而言，作为与中世纪行会“师徒制”模式极为相似的导师制，导师注重的是个别指导和言传身教，其通常每周都会给学生布置形式多样的任务，从学术性论文到读书笔记，不一而足，在下次见面时，导师会对学生提交的论文进行评价，并且彼此会深入进行讨论，以促使学生进行思考总结，其注重的是学生专业学习能力的培养，在从学期间频繁的接触下，学生通过在一定场所被持续不断地系统“喷烟”，而被训练得能说优雅的英语，并具有被专业知识武装起来的头脑。导师注重的是思维方式的培养，且因为不是通过言辞说教而是采用潜移默化的方式，不知不觉中就陶冶了学生的价值观，在似乎天马行空、无有章法间却润

物于点滴细微处，这种不落窠臼的导师方法貌似难登大雅之堂，却切实培养出了学生探究知识本相的好奇欲，并具备了初步独立思考问题的真实能力。在牛津，思想品德的教育和职业生涯的设计是不在导师的职责范围内的。

虽然导师制会囿于空间是本土还是域外，在运作上有所差异，但笔者认为，导师制的定位仍应立足于专业指导，或者说对专业技能的指导是其要侧重之处，基于导师精力有限，也不可能是多面手等原因，上文已有所阐释；就具体现实运作情况来看，导师最为擅长的也只能是自己的专业领域，而通过学生参与导师的科研，在培养学生团队协作意识之余，学生也提前学会了文献的收集和组织方法，为学年论文或毕业论文的撰写打下良好基础，甚至具备了基本的科研素养。一些高校也爆出在实行本科生导师制后，学生的科研水平得以提升的量化成绩，如有资料显示，实行导师制后，青岛农业大学生命科学学院“本科生发表学术论文近80篇，其中第一作者13篇，SCI收录8篇”[1]，虽然文科囿于多数没有实验室，不能像理工科那样，可通过实验方式及早参与科研，但通过博览群书，细心观察现实社会中的现象，在此过程中形成的研究事物的问题意识流，已经潜在地为研究社会问题打下了良好铺垫。

(二)现行本科生导师制的最佳运作方案——分年级进行指导

在现行“全能导师”的定位下，为了更好地发挥导师的指导功能，笔者以为可实行分年级对应指导，即根据各个年级学生的不同特点而有针对性的给予指导。

对于低年级学生，主要突出对其思想上的疏导，如对于大学生活和高中生活的不同之处要及时说明，尤其是在很多独生子女初次离开父母进入集体生活之际，生活上的关心和体贴显得尤为重要；要介绍大学生活的精彩之处，督促其形成良好的生活习惯；介绍就读院校的独特之处，让其了解本学科或者本专业的基

---

〔1〕 林于凯等：“以青岛农业大学生命科学学院为例浅谈本科生导师制实施过程中的问题与对策”，载《教育教学论坛》2012年第27期，第31—32页。

本定位和未来发展趋势；引导其规划出自己的大学生涯设计；在指导学生选课之际，培养其有计划地构建出自己学习的系统课程体系；建议其积极参加社团活动，并可扩展一些书法、舞蹈等兴趣爱好；鼓励其参加计算机或英语的课余辅导，甚至于学习驾驶等等。

对于高年级的学生，则应侧重于对专业特长和专业能力的培养，如政法院校以辩论赛和模拟法庭为特色；积极引导学生参与到课题研究中，带其外出进行社会调研；旁听真实的庭审过程，通过诊所实践等训练出专业素养；指导学年论文和毕业论文的撰写；对于双学位的学习者，鼓励其积极上进并合理协调分配时间；对于考研者进行院校的分析，甚至帮其收集考研信息资料，对于不考研者组织其进行读书会活动，彼此交流读书心得，既展示了自己的阅读体会，锻炼了自己的口才，也分享了他人的阅读收获，并且通过滚动方式，人人都得以做讲授者，人人又都做了点评者；对于就业者帮其分析利弊，出谋划策，当好参谋。

总之，要根据对象的不同需求而给予针对性的帮助。

（三）导师制存在形态的改良建议

现行的导师制运作形态，基本上都是在学生入学之初，相关职能部门就对导师加以了指定，一般是从一年级一直带到学生毕业，这种“捆绑式的指派”并没有充分考虑到学生和教师的意愿。对此，可试着进行另外的模式设计，即实行选择式的机制：院系要将导师的个人信息汇编成册，形成基本的简介档案，配以必要的图片甚至视频，让学生了解导师的特征和擅长点，从而在了解的基础上有针对性地加以选择；在选定之后，导师也并不一定要从一而终，学生可根据自己的兴趣爱好或研究内容的变化，在一定的时间后或者基于一些缘由重新进行选择。导师也可在材料中表明自己对学生的指导计划和意向学生的类型，从而建立起学生和导师之间的双向选择机制。当然，对于没有实现意向的选择结果，还需职能部门做好协调工作，进行必要的统筹安排，最终形成师生间持续稳定有序的健康运作状态。

另外，可以考虑根据导师的年龄特征或者倾向意见，将导师直接划定为不同类别，直接只带低年级学生，或者高年级学生，这样的流水线细化方式，可以使得导师在相关领域更加具有经验，更好地发挥指导功能。

此外，还可推行导师组集体导师制模式，这种模式是基于其认为本科生应该宽基础，知识面尽可能广，而主张由一些遴选后的教师组成导师组的方式给予集体式指导。主要是通过定期，比如一周一次或两周一次的频率，以作讲座或沙龙的方式，将不同专业的研究方法、学习技巧或者研究心得等介绍给学生，将某个学术问题或者社会热点通过讨论的方式知悉于学生，有关的学术动态等也及时更新到学生头脑中，逐步培养起学生的专业兴趣和科研创新意识。这种集体导师制区别于公开讲座之处在于，它毕竟是小范围的交流，需要每个学生的发言，学生也可和老师有充足的时间和机会交流互动，并且对学生的回馈也是导师的职责，不可推卸。

（四）通过“学生导师”及返聘等方式调配整合人力资源

针对前述导师资源匮乏、师生比不足的困境，在引入大量刚刚毕业的新鲜血液充实到教师队伍的同时，还可利用现有条件下的资源进行整合。

首先，可以吸纳优秀的高年级本科生或者研究生，通过助研助教的方式参与到本科生导师工作中来，这种方法没有其硬伤限制，可以在高校中普遍推行，他们凭借其年龄优势和被指导者有着天生的亲和力，有着天然的亲近熟悉感，而且，其往往也刚刚经历过被指导者所关注的事情，“以身说法”的指导效果会远远高于言辞或书面的说教。事实上，类似的方法早已在国外存在，在美国的汉普顿学院（Hampton Institute），一些符合条件的优秀学生被选择做指导老师，且被称为“志愿者导师（volunteer tutors)”。这种学生型导师制度，一方面，可以使有才华的学生充分发挥其才智，使其在无私而又充满创新的事业中更具激情，同时，还能培养其领导才能；另一方面，被指导的学生与和自己比较接近的“学生导师”接触，可以更好更快地学会如何适应大学的学习和生活。[1]

其次，可以考虑返聘已退休的教师。随着我国进一步步入老龄化社会，很多退休教师事实上仍心怀校园，其精力也是相当充沛的，能够再次回校园发挥余热，也是很多退休教师的心愿，他们拥有着丰富的人生阅历，并且心态都相较平和，其辉煌的人生旅程和精湛的业务能力也能从另外的视角，为被指导学生诠释大学生涯应该怎么过，人生如何规划才会更为成功。

（五）建立规范的考评及激励机制，回归教学应有的地位

相较于前述缺乏必要的硬件设施，而其的改善不是朝夕之事而言，在现有的条件下充分调动教师的积极性，对问题的有效解决可谓是更具有时下意义的。那么，究竟该如何调动积极性呢？

首先，要建立好规范的考评机制。在现行的考评方式下，很多高校是通过与学生见面的次数来进行指导工作计量的，主要是通过学生签名的书面记录来确认导师履行了见面职责，但是这种形式化的操作却存在很多问题，比如指导次数是可以量化的，但是指导质量却是无法从见面表上体现的；而且，教师工作作为一个育人的过程，原来苗子基础的不同，对于最终指导成效也会有一定的影响，并且育人过程是一长期过程，短期内的评价也是有失公允的；另外，只看重效果，而不关注指导活动的具体过程，不关注导师到底付出了多少精力和心血，未免是太僵化的思维逻辑。此外，这种考评机制只是突出了对教师的考评，并且主要指标是学生在见面表上的签名，但是流于形式的签名有时却被异化得让人啼笑皆非，现实中不乏学生不想见面，但迫于导师要对相应部门的考核交差，而被强制性地要求“被见面”，或者“给教师一个面子”的签名。导师制的真正蕴意，是想通过建立一种相互信赖，融于生活的亲密关系，并在这个基础上给予学生个性化的指导，但现实却给了它大大的嘲讽。在现今的牛津，“因为师

---

〔1〕 Thomas E., Hawkins, “At the College Level: A Volunteer Tutorial System”, in The Phi Delta Kappan, *Africa: Its Educational Problems and Promises*, 1959, pp. 168 – 169.

生之间的社会差距和代沟疏离了导师制教学中的师生关系，……师生关系也就难再有起色，而导师们表示友好亲密态度又很有可能被误读为性骚扰。"[1]我国的情况也类似于此，如有调查显示，高达53.1%的学生在一学期内从未主动联系并请教过导师；当"在学习中遇到问题或困惑"时，仅有3.7%的学生会求教于导师解决；在"当你有问题的时候，第一个想到的是谁"的调查上，仅有2.6%的学生会第一个想到导师。[2]导师和学生之间产生了巨大的隔膜，学生和导师之间并不像朋友一样能无话不说，平等交流，在强制"融洽"的基础上建立起来的关系，和谐度可想而知。此外，现行的考评机制片面夸大了学生的权利，而对于学生没有任何制约机制。导师制的建立，本意是帮助学生更好地规划和发展自己，对其是一种有益帮助，但许多学生却并没有认识到这一点，仅将其视为一种负担和累赘。曾有调研报告显示老师抱怨被学生"放鸽子"，潜在说明一定的强制性手段可能仍是需要的，比如，将导师制计入一定的学分，如在牛津，"导师的指导纳入牛津的正常教学管理之中"[3]，另外，导师对于学生的评优、推免等应有一定的发言权。当然，导师提高指导的针对性可能是更为关键的，否则，原本学术性的指导会变为一种闲聊，而互感索然无味，最终沦落为"见面问个好，签个字后就散伙"的彼此相互敷衍的恶性循环状态。流于形式、走过场、应付考评的导师制，不要也罢！

其次，要建立有效的激励机制。干多干少、干好干坏一个样，得不到正确的评价，往往会挫伤较为认真的导师的积极性，基于此，激励机制是必须的。可以考虑通过评选"优秀导师"的方式给予付出较多的导师以名誉鼓励，并给予相应的物质奖励；

---

〔1〕［英］大卫·帕尔菲曼主编：《高等教育何以为"高"——牛津导师制教学反思》，冯青来译，北京大学出版社2011年版，第46页。

〔2〕蒋喜锋、刘小强："矛盾与出路：地方高校实施本科生导师制的思考"，载《黑龙江高教研究》2011年第5期，第64—67页。

〔3〕彭涛、李永宁："本科生导师制实施中的问题及解决策略"，载《中国法学教育研究》2013年第2期，第95—109页。

要“确定评价指标，构建多元化的评价体系”[1]；评选上要以学生的投票作为主要评价指标，辅之以导师自评和相应职能部门的评价；对于优秀导师，在年终的评优评先考核以及未来的职称晋升上可以给予优先考虑；对于导师的指导工作要按其指导学生的人数、付出的学时数以及取得的相应成果计算教师的工作量，给予必要的补助。

最后，回归教学应有的尊严和地位。在如同“职业训练营”流水线般进行人才装配的现今，教学变得越来越功利化了，而其本不应是高校教育的狭隘之义。上述的考评和激励机制对于大部分教师是有效的，但对于一些社会兼职较多，如在外面带案子或者做培训，或者科研项目众多的教师而言，激励作用是微弱的，育人的过程难以短期见成果，而且时下师生之间的隔膜，也使得一些教师更愿意把时间投入到科研等能产生实实在在的成果，并且也能给个人带来巨大名利的事务上去，相较于导师制的薪酬激励而言，对其的刺激力根本是微不足道甚至是可以忽略的。在这种场景下，提升其对教师职业的忠诚和认可度，从道德层面加以规范可能是更为妥帖的出路。“牛津的导师们是否会逃避这每周12小时的辅导重担，而重新规划宝贵的时间去从事科研——成功的学术生涯中博取赞誉的关键因素?”[2]答案是否定的，“这是因为牛津的导师们都能从高等教育的本质来理解导师制存在的意义和价值”[3]。扪心自问，我们在批评学生的同时，有没有好好反省自己有没有好好教书？我们又真正为学生投入了多少时间和精力呢?!

---

〔1〕 马艳秀：“对清华大学本科生实行导师制的实证研究”，载《江苏高教》2006年第3期，第84—86页。

〔2〕［英］大卫·帕尔菲曼主编：《高等教育何以为“高”——牛津导师制教学反思》，冯青来译，北京大学出版社2011年版，第28—29页。

〔3〕 姜国钧：“《高等教育何以为“高”——牛津导师制教学反思》镜诠”，载《大学教育科学》2012年第5期，第119—124页。

结 语

“百年大计，教育为本，教育大计，教师为本”，在今天，重新思量这句话，仍让人感慨万千，对于教育，我们的国家是否投入了足够的经费?尊师重教的传统是否通过切实的待遇得到了落实?当然，问题的根源可能仍得从社会大背景下寻找，在当下，世界在市场激变的洪流下，似乎都在变得越来越功利化，越来越追求短平快的物质利益，越来越看重于当下的投入产出比，导师制固然也概莫能外，要在这其间经历苦痛的嬗变历程，但毫无疑问的是，无论其如何被洗涤冲刷，被浸淫改装，导师制的灵魂，立意于培养学生“在保持尊严、施展能力的同时形成履行社会职责所需的知识、修养、表达能力、性格、风度以及各种相当均衡和成熟的品质”[1]是不会被取代的。

如何建立起适应中国本土的导师制，并让其生根发芽，茁壮成长为参天大树，是我们每一个人都应细细思量的重要问题。中国的导师制之路，任重而道远!

---

〔1〕 谷贤林:“导师制·午后茶·住宿学院与一流大学的人才培养”，载《比较教育研究》2003年第9期，第27—30页。

文化视角下法律翻译问题探究

——以《中国法学（海外版）》为例[*]

◎ 李　立　宫明玉[**]

引　言

改革开放以来，中国法律界与国外的交流日益增多，中英文法律翻译使用日益普遍，法律英语翻译成为世界了解中国以及中外法律交流的重要桥梁。《中国法学》是由中国法学会主办的学术期刊，《中国法学》于1984年创刊，并于2001年发行《中国法学（海外版）》年刊，其发表的文章为《中国法学》精选学术文章英译版。《中国法学（海外版）》自发行以来，作为向世界传播我国法学研究成果的窗口，传达了我国法学领域的新思想、新方向。对于中国法学学者和不熟悉中文的法学研究者，《中国法学（海外版）》是了解中国法学研究的

---

* 本文是李立主持的教育部人文社会科学研究规划基金项目《法律英语学科规划研究》（项目批准号：11YJA740046）的部分研究成果。

** 李立，女，1962年3月，硕士，中国政法大学外语学院教授。宫明玉，女，1987年10月，博士研究生，浙江大学外国语言文化与国际交流学院博士研究生。

重要资料和重要法学英译的参考借鉴。中国法学研究外译也是文化的沟通与互动的过程。近年来，法律学术文章翻译不断增加，但其中亦存在诸多问题，如法律术语使用不准确、法律概念理解错误、语句信息冗余等。笔者通过对《中国法学（海外版）》译稿的对比分析，总结文本中出现的翻译问题与分歧，提出翻译建议，并对法律翻译应遵循的准则和参照标准加以探讨。文章以大量的一手资料为基础，探讨法学文章汉译英中出现的问题，为现代法律英译统一规范提供借鉴。

一、法律翻译与文化

翻译活动是一项文化活动，翻译不只是语言符号之间的转换，它也是不同国家和民族之间的文化传递，翻译既是人类文化交流的一种必要工具，也是人类文化交流的一个重要组成部分。[1]美国学者劳伦斯·弗里曼（Lawrence Friedman）提出了法律文化这一概念，界定了法律体系中涵盖的三个组成部分，即结构构成（structural components）、实质构成（substantive components）以及文化构成（cultural components）。结构构成指的是法律机构本身，包括法院的数量和类型，成文宪法的有无，立法部门、司法部门、执法部门之间的权力分配等；实质构成指的是法律本身；而文化构成指的是与该法律体系紧紧相依的价值观，该价值观决定了法律体系在某一社会文化中的地位。[2]法律规则是文化的组成部分，法律文化也构成了法律移植中的障碍。[3]在传统社会就出现了法律的跨文化和跨国家的传播和流动，[4]在这个意义上，法律

---

〔1〕 应远马："试论翻译文化的构建"，载《译苑新谭》2012 年第 1 期，第 38—53 页。

〔2〕 Lawrence Friedman, "Legal Culture and Social Development", *Law & Society Review*, 4 - 1 (1969), pp. 29 - 44.

〔3〕 Pierre Legrand, "What 'Legal Transplants'?", In David Nelken and Johannes Feest, ed., *Adapting Legal Cultures*, Oxford and Portland: Hart Publishing, pp. 75 - 94.

〔4〕 高鸿钧："法律文化与法律移植：中西古今之间"，载《比较法研究》2008 年第 5 期，第 12—24 页。

文化是人类文化系统中的子系统。换言之，法律翻译并不是机械的文字转换，法律翻译涉及法律体系、法律文化与其所在的社会一般文化之间的互动。

汉斯·弗米尔（Hans Vermeer）提出当代翻译理论的重心已经从语言之间的转化转向为跨文化的交流互动，[1]翻译被广泛视为一个跨文化交际活动[2]，而译者则被视为“文化的话务员”[3]。法律翻译涵盖在语言的文化和系统之中，它不只是源语（Source Language）和目的语（Target Language）之间的转码过程，更是“从一个法律系统到另一个法律系统的翻译过程——从本源的法律制度向目标法律制度的转化”[4]。功能派翻译理论是 20 世纪 70 年代由德国学者提出的翻译理论。克里斯蒂安·诺德（Christiane Nord）在其专著 *Translating as a Purposeful Activity*: *Functionalist Approaches Explained* 中，全面介绍了德国功能翻译学派的理论，并阐释了她本人的功能翻译观点。诺德认为翻译误差划分为四种：语用上的翻译误差，由于缺乏以接受者为中心的意识，不能恰当地解决语用问题而引起；文化上的翻译误差，由于译者在再现或改写特定文化规约时决策不当造成；语言上的翻译误差，主要由于语言结构的不适当翻译引起；特定文本方面的翻译误差，与文本翻译问题有关，与之相应的翻译问题也都可以从功能或语用学的角度进行评价。[5]

---

[1] Hans Vermeer, *Conditions for a Translation Theory*: *Some Chapters on Culture and Language Theories*, Heideberg: Vermeer, 1986, p. 33.

[2] Mary Snell-Hornby, *Translation Studies*: *An Integrated Approach*, Amsterdam & Philadelphia: Bejamins, 1988, p. 46.

[3] Hewson, Lance and Jacky Martin, *Redefining Translation*: *The Variational Approach*, London: Routledge, 1991, p. 133.

[4] Susan Šarčević, "New Approach to Legal Translation", *The Hague*: *Kluwer Law International*, 1997, p. 13.

[5] Christine Nord, *Translating as a Purposeful Activity*: *Functionalist Approaches Explained*, Shanghai: Shanghai Foreign Language Education Press, 2001, pp. 75 – 76.

二、《中国法学（海外版）》翻译评析

（一）题 目

《中国法学（海外版）》中的标题类别以描述性的标题为主，中文题目凝练了文章的主旨内容，部分题目采取引用比喻等方式，文字之间涵盖了丰富的信息。在通常情况下，译者在通过题目传递标题信息时，应酌情采用功能论的原则将题目的信息通过目的语传递出去。而部分《中国法学（海外版）》的标题翻译"信"有余而"达"不足。

例 1

改革开放三十年马克思主义法学中国化的重大成果

Great Accomplishment on Localization of Marxism Jurisprudence in China during Three Decades of Reform and Opening up

[*China Legal Science*，1（2009），1]

例 2

我国环境污染责任保单承保渐进性污染的法律思考

Legal Reflection in Incorporation of Gradual Pollution into Environmental Pollution Liability Policies in China

[*China Legal Science*，3（2011），176]

例 3

医疗纠纷中精神损害赔偿的实证研究——采用 BP 神经网络分析法

An Empirical Study on Compensation for Mental Injury in Medical Disputes：Adopting the Method of BP Neural Networks

[*China Legal Science*，1（2011），105]

以上三例中的中文题目均符合相应的表达要求，反观英文版本则存在诸多问题，两例中的英译题目过长（例 1：17 个字、例 2：14 个字、例 3：18 个字），不能充分传达文章意欲表达的

核心内容。“在翻译的过程中，译者需根据目标读者来生成语码。”[1]法学文章题目的翻译应本着这一原则，保留中文题目中的核心要素，酌情省译或不译修饰性信息。琼·平卡姆（Joan Pinkham）指出中国译者普遍存在语义重复、过度修饰的问题。[2]究其原因，是当下法学翻译为忠实反映原文意思，以“信”为主，因此忽略了功能上、文化上的交际因素。笔者对《哈佛法学评论》（Harvard Law Review）第125卷、第126卷的法学文章进行了简单研究发现，两卷中56篇法学文章、评论、会议报告以及书评，题目平均长度为6.52个单词，其中最短的题目仅包含两个单词[3]；2011年第3期《中国法学（海外版）》的48篇法学文章题目的平均长度为10.67个单词，其中最短的5个单词，最长的为19个单词，其中10个单词以上的题目占60.41%。中国学术文章的标题中，常见“试论”、“初探”、“浅析”、“管窥”、“关于……的若干思考/反思”，而在英文学术文章中，这些短语已经在20世纪70年代就逐渐消失了。

而在2011年第3期《中国法学（海外版）》中，除文章含有以上公式化信息外，小标题“The Practice of”、“The Analysis of”、“The Status Quo of”比比皆是，令人堪忧。因此，法学学术文章应该秉承交际性这一原则，适当删减此类信息，三例英文题目可以改译如下：

例1

改革开放三十年马克思主义法学中国化的重大成果

Great Accomplishment on Localization of Marxism Jurisprudence in China during Three Decades of Reform and Opening up

---

〔1〕 Christine Nord, *Translating as a Purposeful Activity: Functionalist Approaches Explained*, Shanghai: Shanghai Foreign Language Education Press, 2001, p. 23.

〔2〕 Joan Pinkham, *The Translator's Guide to Chinglish*, Beijing: Foreign Language Teaching and Research Press, 2000.

〔3〕 See *Harvard Law Review*, 2013, Vol. 126, p. 8, http://www.harvardlawreview.org/issues/126/june13/index.php，访问日期：2013年8月20日。

[*China Legal Science*, 1 (2009), 1]

改译：Marxism Jurisprudence Localization in China

例 2

我国环境污染责任保单承保渐进性污染的法律思考

Legal Reflection on Incorporation of Gradual Pollution into Environmental Pollution Liability Policies in China

[*China Legal Science*, 3 (2011), 176]

改译：Gradual Environmental Pollution by Liability Policies

例 3

医疗纠纷中精神损害赔偿的实证研究——采用 BP 神经网络分析法

An Empirical Study on Compensation for Mental Injury in Medical Disputes: Adopting the Method of BP Neural Networks

[*China Legal Science*, 1 (2011), 105]

改译：Compensation for Mental Injury in Medical Disputes: Adopting BP Neural Networks

（二）冗 译

英美法学界所公认的法律英语主要是指普通法国家（common-law countries）的律师、法官、法学工作者所用的习惯用语和专业语言（customary language），它包括某些词汇、短语或特定的一些表达方式（mode of expression）。[1] 这类文件都涉及人们的权利和义务，因此在起草文件时用词需谨慎、准确，经得起推敲，防止误解或歧义现象的发生。刘红婴认为法律基本用语不是因法律的存在而缔造出来的语词，而是全民共同语中已存在的一部分语词，法律领域因自身表述需要，较为固定、较高频率地使用这些语词，使之呈常用的状态。[2] 一方面，法学学术文章承载着我国法学的研究成果，而另一方面，我国英译法学文章肩负着向世

---

〔1〕 陈庆柏主编：《涉外经济法律英语》，法律出版社 1994 年版，第 711 页。

〔2〕 刘红婴：《法律语言学（第 2 版）》，北京大学出版社 2007 年版，第 55 页。

界传播我国法律思想与文化的作用。笔者认为，法学学术文章作为二级法学资料，其翻译原则不等同于成文法翻译，翻译篇章中含有介绍性、描述性信息的内容时，应遵循文化交际的原则进行翻译。法律翻译中，为了防止歧义发生并不意味着冗译。

例4

中国传统法治思想是指中国自先秦时期以来在历朝历代所形成的有关用法来治理国家的各种思想的统称。中国的传统法治思想是中国传统文化中的重要组成部分，其在特定的历史时期对中国的发展起到了一定的推动作用。

Chinese traditional thought of ruling by law refers to the thought used to rule a country by law from the Qin Dynasty through all the dynasties. China's traditional legal thought is an important part of Chinese traditional culture. In specific historical period, it played a certain role in China's development.

[*China Legal Science*, 3 (2011), 52]

例5

中国当前的农村合作金融组织形式主要是指农村信用合作社和农村资金互助社。农村信用合作社始于1951年，但其“合作社制”一直运行得不理想，有学者甚至指出，中国“农信社从它诞生之日起就从来没有真正实行过合作制”。

The forms of the rural financial cooperative organizations in current China mainly are rural credit cooperatives and rural cooperative credit unions. The rural credit cooperative was started in 1951, but the related "credit cooperative system" has not functioned well since. Therefore, some experts even have pointed out that "The credit cooperative system has never been carried out indeed by the rural credit cooperative since its birth in China".

[*China Legal Science*, 3 (2011), 137]

例4、例5中汉语原文“中国传统法治思想”、“农村信用合作社”等反复出现，增加了学术文章的庄重性、严谨性。但反观其英文译文，其翻译层次达到了“信”的标准，从内容上来看，本段属于介绍性信息，根据原文逐句逐字翻译，行文口语化，难以突出法学文章的严谨风格。译文风格受到了源语的影响，出现了“混杂性”（hybridity）〔1〕的情况。例6、例7是《哈佛法学评论》中两篇法学文章的介绍性语段。

例6

Racial capitalism—the process of deriving social and economic value from the racial identity of another person—is a longstanding, common, and deeply problematic practice. This Article is the first to identify racial capitalism as a systemic phenomenon and to undertake a close examination of its causes and consequences.

[*Harvard Law Review*, 126 (2013), 2152]〔2〕

例7

Copyright starts with the written word as its model, then tries to fit everything else into the literary mode. It oscillates between two positions on nontextual creative works such as images—either they are transparent, or they are opaque. When courts treat images as transparent, they deny that interpretation is necessary, claiming both that the meaning of the image is so obvious that it admits of no serious debate and that the image is a mere representation of reality (Tushnet 2012).

[*Harvard Law Review*, 125 (2012), 684]〔3〕

---

〔1〕 Susanne Klinger, *Translation and Linguistic Hybridity: Constructing World-View*, New York: Routledge, 2014.

〔2〕 Nancy Leong, “Racial Capitalism”, *Harvard Law Review* 126 (2013), pp. 2015–2226.

〔3〕 Tushnet Rebecca, “Worth a Thousand Words: The Images of Copyright”, *Harvard Law Review* 125 (2012), pp. 683–759.

好文章须文笔简洁。句子不应该包含任何不必要的词语，篇章中也不应出现多余的句子，如同画中没有多余的线条，机器上没有多余的零件。[1]从以上两则例子中可见，优秀法学学术文章首先符合优秀文章的基本要求，篇章没有反复出现某一法律词语，英语里同形回指的现象很少（强调和修辞除外），因为回避重复是英语的一大特色，英语习惯用省略或其他方法来尽量避免重复。[2]以上两则法律学术语篇中运用不同形式的回指[3]以实现指代的目的。因此，译者在翻译法学学术文章时，应注意“词有增减、重复，词性和句型有转换，语序有颠倒，句子有拆有合”[4]。在翻译过程中译者要重视翻译诸因素的相互作用，要对法律文本进行协调、阐述、决策，还要充分发挥主观能动性，了解翻译过程中各因素之间的相互作用。[5]

（三）法律概念的对等与缺失

中西法律文化之间自然有着许多差别，西方法律文化中的内涵在中国法律文化中，存在内容与概念上不同程度的对应缺失，在西方法律传统中，学者、法律专家对法律概念和制度的形成和发展，有着巨大的影响和作用，其中“自然理性”、“社会契约”等，已成为西方法律用语和法律制度的一部分。而在中国，这种影响和功能主要来自于政治方面。因此，权力制衡概念和意识的空缺与制度设置上的差异造成了翻译的困难。

---

〔1〕 William Jr. Strunk and Elwyn B. White, *The Elements of Style*, 4th ed., New York: Macmillan, 1999, p. 23. “Vigorous writing is concise. A sentence should contain no unnecessary words, a paragraph no unnecessary sentences, for the same reason that a drawing should have no unnecessary lines and a machine no unnecessary parts.”

〔2〕 蒋和舟：“英汉名词回指形式对比分析”，载《四川外语学院学报》2007 年第 6 期，第 97—100 页。

〔3〕 姜望琪：“篇章与回指”，载《外语学刊》2006 年第 4 期，第 33—40 页。

〔4〕 马红、林建强：“功能翻译理论与其翻译原则和方法”，载《外语学刊》2007 年第 5 期，第 118—120 页。

〔5〕 王茜：“跨文化视角下的法律英语翻译”，载《长春教育学院学报》2013 年第 8 期，第 46—48 页。

例 8

论海盗普遍管辖权的影响和作用

On the Influences and Roles of Universal Jurisdiction over Pirates

[*China Legal Science*, 2 (2009), 200]

由于直译是学术文章翻译的主流策略，因此，译者在进行法学学术翻译时，应该注意文化上的功能对等，以避免机械翻译。在本例中，中国“海盗”在这里不指通常意义上的海盗，即“海盗是指专门在海上抢劫其他船只的犯罪者”，而是指“海盗行为”或“海盗罪”即“piracy”，《联合国海洋法公约》第 101 条〔1〕规定：“下列行为中的任何行为构成海盗行为：（a）私人船舶或私人飞机的船员、机组成员或乘客为私人目的，对下列对象所从事的任何非法的暴力或扣留行为，或任何掠夺行为；（b）明知船舶或飞机成为海盗船舶或飞机的事实，而自愿参加其活动的任何行为；（c）教唆或故意便利（a）或（b）项所述行为的任何行为。”普遍性管辖权是指，“根据国际法的规定，对于普遍地危害国际和平与安全以及全人类的共同利益的某些特定的国际犯罪行为，各国均有权实行管辖，而不问这些犯罪行为发生的地点和罪犯的国籍”。《联合国海洋法公约》第 105 条肯定了各国对公海上海盗行为的普遍管辖权，即“在公海上，或在任何国家管辖范围以外的任何其他地方，每个国家均可扣押海盗船舶或飞机或为海盗所夺取并在海盗控制下的船舶或飞机，和逮捕船上或机上人员并扣押船上或机上财物。扣押国的法院可判定应处的刑罚，并可决定对船舶、飞机或财产所应采取的行动，但受善意第三者的权利的限制”。我国语境下的海盗与“piracy”内涵是不同的。不同语言出现的同形异义词（false friends）〔2〕应该得到法律译者们的注意。

---

〔1〕《联合国海洋法公约》1996 年，第 71 页。

〔2〕 Enrique Alcaraz, “Translation and Pragmatics”, in Roman ALvaraz and M. Carmen-Africa Vidal, eds, *Translation*, *Power and Subversion*, pp. 99 – 115, Multicultural Masters ltd, 1968, p. 103.

语言是文化的载体，法律语言体现着法律文化。法学学术文章虽作为二级法学资料，但是法律术语的翻译也依然是法律翻译的核心。实际上，目前大多数法律翻译研究主要集中在术语研究方面〔1〕。我国法律翻译研究大多从微观层面进行，如陈忠诚〔2〕、屈文生〔3〕、肖云枢〔4〕等对法律翻译实践进行了探索，指出了当前我国法律术语翻译存在的问题“主要集中于误译和翻译不精准这两大问题上”。〔5〕沙尔切维奇（Šarčević）对法律中对等程度进行分类，对等可分为接近对等（near equivalence）、部分对等（partial equivalence）以及不对等（non-equivalence）三类对等〔6〕，而法律文本翻译中的“准确”是指“尽最大可能地再现原文本的所有法律信息，译文所传递的法律信息没有遗漏、添加和歧义，客观上不令译文读者产生误解和困惑，并且保持法律文本的语言特点”〔7〕。基于以上因素，笔者对《中国法学（海外版）》出现的中国法律术语进行了简单的梳理（见表1）。

表1 法律术语改译

原文	原译	改译
社会主义政治文明	social political civilization	socialist political civilization

〔1〕 Susan Šarčević, *New Approach to Legal Translation*, The Hague: Kluwer Law International, 1997, p. 229.

〔2〕 陈忠诚：《法窗译话》，中国对外翻译出版公司 1998 年版。

〔3〕 屈文生：“Mortgage 与 hypothecate 两法律专门术语的汉译”，载《中国科技翻译》2003 年第 3 期，第 28—30 页；屈文生：“法律翻译研究的视角与思路——对法律翻译若干重要方面的梳理和理性评价”，载《江西社会科学》2010 年第 2 期，第 246—251 页。

〔4〕 肖云枢：“有关英语律师的术语及其翻译”，载《中国科技翻译》2000 年第 4 期，第 14—16 页；肖云枢：“英汉法律术语的特点、词源及翻译”，载《中国翻译》2001 年第 3 期，第 44—47 页。

〔5〕 屈文生：“法律翻译研究的视角与思路——对法律翻译若干重要方面的梳理和理性评价”，载《江西社会科学》2010 年第 2 期，第 249 页。

〔6〕 Susan Šarčević, *New Approach to Legal Translation*, The Hague: Kluwer Law International, 1997, pp. 238 - 239.

〔7〕 江丹：“法律术语的特征及翻译原则”，载《国际关系学院学报》2005 年第 3 期，第 62—65 页。

续表

原文	原译	改译
保障人权	safeguards human rights	preserve human rights
以人为本	people-oriented	put people first
立法者	legislators/ law makers	legislators
复议	review	reconsideration
《物权法》	the Real Right Law	Property Law
群体性社会事件	social affairs of a mass character/mass disturbance	mass incident
准…	semi-	quasi-
案例指导制度	guiding cases	case guidance system
批复（高院）	response	reply
医疗健康信息	healthy and medical information	health and medical information
肇事者/施害者	trouble-maker/injurer	perpetrator
农民工	famer-turned workers	rural migrant worker
包工头	head laborers	(construction) labor contractors
工伤	occupational injury	work-related/job-related injury
上访	visit higher authorities	Shangfang
普法	popularization of legal knowledge	law popularization

“立法者”是一种常见的法律概念，在英美法律的背景下，包括立法机关和通过先例制定法律的法官。但在中国法律文化情况下，“立法者”仅仅是指立法机关，中国法官也不享有“法官造法”[1]的权利。若将“立法者”翻译成“law maker”就有失

〔1〕 何家弘：“论法官造法”，载《法学家》2003 年第 5 期，第 134—143 页。

恰当了。“上访”，是群众越过底层相关国家机关到上级机关反映问题并寻求解决的一种途径。意向上级政府反映群众意见，反映出群众对上级政府的信任，是我国特有的政治表达形式。这也是近年来中国迅速引起的一个独特的现象，具有强烈的中国法律文化色彩，缺乏同等的法律英语单词。因此，笔者建议采用“不可译性”的原则，并对“Shangfang”进行进一步解释。

三、余 论

整体而言，我国的法律翻译研究起步较晚。从法律翻译研究的范畴而言，在法律翻译的理论、原则、方法等诸多方面都有涉猎。研究者大多采用理论同实践相结合的方法，以解决实际问题为出发点。[1]《中国法学（海外版)》展示了我国法学研究的成果，为传播我国法学思想精髓，丰富人类法治文明做出了重要的贡献，是其他国家了解、研究我国司法改革成果的重要二级法学研究资料。法律翻译须在功能对等理论指导下进行翻译实践，特别是在进行法律术语的跨文化翻译时，要注意英汉民族文化背景和思维方式的差异，而不能一味追求语义功能完全对等。[2]译者在进行法学学术文章翻译，重视法律术语、法律平行文本时，也应该从文化视角出发，实现翻译法学学术文章的功能对等，做到“功能加忠诚”[3]。

---

〔1〕 李德凤：“法律翻译研究：现状与前瞻”，载《中国科技翻译》2006 年第 8 期，第 47—51 页。

〔2〕 谭福民、向红：“从功能对等理论看法律英语术语的跨文化翻译”，载《当代外语研究》2013 年第 10 期，第 52—55 页。

〔3〕 Christine Nord, *Translating as a Purposeful Activity: Functionalist Approaches Explained*, Shanghai: Shanghai Foreign Language Education Press, 2001, p. 109.

法国高等教育平等权的法律保护及其对中国的启示

◎王　蔚*

内容摘要：在法国，高等教育由国家统一管理，国家集权色彩浓厚。国家与地方在管理高等教育机构方面的权力职责分配以国家管理为原则，地方受国家的支配。法国对高等教育平等权保障的法律框架主要体现为由宪法和立法政策确定原则，宪法委员会判例进行原则适用的合宪性控制。但立法上的努力无法排除法国社会中存在的诸多实质不平等现象。鉴于此，法国采取一些积极的改革措施以促进实质平等。我国高等教育当下处于转型时期，虽较之以往有重大进步，但仍然存在不足。其中高等教育不平等状况尤为突出，教育资源分配不均造成了大量的社会问题。鉴于此，本文在分析法国宪法和立法政策构建下的教育平等权的法律框架基础上，描述了当前法国高等教育中的一些不平等现象与相关改革，以尝试对中国高等教育在大学行政主体地位、招生考试制度、高校自治等方面展开思考。

关键词：高等教育；法律保护；平等权

高等教育在法国专指中学毕业会考（baccalauréat）（以下简称“高考”）后进行连续学习的全部课程。法国

---

* 王蔚，女，中国政法大学法学院讲师。

将高等教育分为大学教育和精英教育，不同的教育机构实施的招生原则区别很大。从比例上来讲，法国高考的竞争激烈程度远远比不上中国，法国绝大多数学生都有机会进入大学学习，高考制度的人性化设计为公民教育平等权的实现提供了更多制度保障。法国共设 83 所公立综合大学，分布于法国本土 26 个学区（Académie），涵盖所有大区，总共设有 1000 多个教学与研究单位（UFR）。根据《教育法典》第 711 -1 条，法国的大学在法律性质上属于“学术、文化、职业性”的公共服务机构。这一法律性质赋予法国各大学行政、财务、教学与学术上的自主性，也规定了国家对教育投入的义务。法国大学的录取程序十分透明，教育部长在多年前就创立了网站接受中学毕业班学生的注册选择。从 2006 年开始，法国开始试行一项名为“积极导向”（d'orientation active）的志愿调节机制，并将于今年得到普及。其主要目的在于降低大学第一阶段考试的高失败率，向将要进入大学的学生提供更丰富的相关学校专业资讯。此“积极导向”机制包含四个阶段：第一阶段为信息获取阶段。在本阶段，准大学生们对自己感兴趣的学校和专业信息进行了解，在教师以及校长的建议下初步确定自己的专业方向。第二阶段为预注册阶段（pré-inscription）。在本阶段，学生在教育部网站上按顺序填写自己的报考志愿。第三阶段为建议阶段（conseil）。在预注册阶段学生填报的志愿学校将向学生提供建议，包括学生所报专业的考试成功率、就业率以及该专业的招生名额。这一阶段的目的在于帮助学生思考自己进入该专业的真正动机（motivation），并了解其淘汰率和就业前景。第四阶段为录取阶段（admission）。中学毕业考试成绩公布后，公立大学实行不筛选原则，根据候选人是否取得业士学位决定是否接受学生的注册。事实上，几乎所有取得业士文凭的学生都能按照自己的意愿进入本学区的大学学习。如果学生要进入精英学校学习，则需要升入预备班，学习 1—2 年后，再通过入学考试才能正式被录取。

法国的高等教育由国家统一管理，国家集权色彩浓厚。国家与地方在管理高等教育机构方面的权力职责分配以国家管理为原则，地方受国家的支配。根据《教育法典》相关条款的规定，“国家负责分配教育机构的财政来源，以保证提供均等的教育公共服务”（第 L. 113 －1 条）；“教育系全国性的公共服务，由国家保障其组织及运作……，国家在其权限范围内主要承担如下职责：①确立教育方式，制订国家教育计划，安排教学组织形式及内容；②制定并颁发国家文凭，核实大学学位及资格；③招聘并管理其职责范围内的工作人员；④分配国家投入的教育资金，保障公共服务的平等准入；⑤控制并评估教育政策，保障教育体系的整体连贯性”（第 L. 211 －1 条）；“国家负责发放高等教育机构及研究单位人员的酬劳”（第 L. 211 －8 条）；“国家保有在高等教育和研究领域的管辖权，高等教育与研究部部长通过颁布建立、授权或资金分配等决议（arrêté）来构建高等教育与研究的分布图”（第 L. 614 －3 条）。国家的集权式管理模式在客观上减少了行政、财政因素对大学独立性的影响，保障了大学招生的公正性，为公民教育平等权的实现起到了重要作用。同时，法国并没有完全将地方对高等教育建设的作用排除殆尽。尽管 2004 年 8 月 13 日第 2004 －809 号法律第 75 条仍然强调了国家责任原则，但是对地方的责任也有明确提及：“地方负责配合公共服务的发展”。这一“配合”的角色厘定与《教育法典》第 L. 151 －2 条比较接近，“共和国地方行政机关促进教育自由”。但法律只明确了地方在教育第二阶段与国家分享管辖权。而在高等教育领域，地方对大学的招生指标和招生政策没有管辖权。唯一的管辖范围体现在《教育法典》第L. 214 －2条：“在构建高等教育分布图有关区域的部分应咨询大区的意见。”

第二次世界大战后，法国接受高等教育的人数增长十分迅速。到 1995 年时，总人数比 1965 年增加了 7 倍，而刚迈入 21 世纪，法国大学生的人数就达到了 200 万人。据统计，2007—2008 年度共有接受高等教育学生近 223 万人（222 万 8 千人），平均对每个学生每年的高等教育投入为 10 050 欧元；全法国共有 3500

个公立或私立的高等教育机构：包括83所大学（université）、224所工程师学校（école d'ingénieurs）、220所商业、管理以及会计学院（écoles de commerce，de gestion et de comptabilité）以及其他3000多个建立在中学的大学校预备班（C. P. G. E）和高级技术员班（STS）。法国公立大学的在校学生总数达150余万人，约占高等教育在校人数的74%，其中世界各国留学生的比例将近10%。人数的增长激烈地冲撞着原有的高等教育体系结构。20世纪90年代，法国还停留在以巴黎为绝对教育中心的时代，巴黎地区大学生总人数占全国的48%。鉴于教育资源分配差异带来的损害教育平等的弊端，法国开始积极促进地方参与教育机构的建设，制定了一系列长期发展的计划。在地方积极参与高等教育机构建设之后，全法国开始陆续形成了更多的教育中心，而且彼此之间并无巨大差别，缓解了各地学生接受教育的压力，实质上促进了教育平等权的发展。

一、高等教育平等权保障的法律框架

法国对高等教育平等权保障的法律框架主要体现为宪法和立法政策。

（一）高等教育平等权的宪法框架

平等价值在法国社会中举足轻重。法国1789年《人权宣言》第1条即宣称："在权利方面，人们生来是而且始终是自由平等的"，而后第6条再次强调："在法律面前，所有的公民都是平等的"。从现行1958年《宪法》正文第2条所确认的法兰西共和国国家箴言"自由、平等、博爱"中，也足以窥见平等的重要地位。此外，在宪法委员会判例中，有近40%的判例涉及审查被诉法律是否符合宪法所规定的平等原则。换言之，平等权在所有基本权利中的核心位置毋庸置疑。而本文探讨的高等教育平等权实际上是平等权的一个组成部分，教育平等是平等原则的应有之义，其主要的宪政基础由宪法、宪法委员会判例、国际法、欧盟法以及欧洲人权法院判例组成。

1. 宪法规范中确认的平等权

（1）1946 年宪法序言第 13 条

1946 年宪法序言第 13 条规定，“国家应保证儿童和成人平等接受教育、职业培训以及文化的权利。组织免费的、世俗的各级公共教育机构是国家的义务”。该条构成教育平等权的核心宪法基础。其在确认教育平等权的同时，也创设了国家保障教育平等的积极义务，成为 1946 年宪法序言独有的特点。法国宪法与下文将提到的其他国际法律文件只宣称受教育权有所不同，前者更强调公权力在教育领域有提供世俗的、免费的公共服务的义务。

（2）宪法正文中教育平等的保障

综观宪法性规范，直接规定教育平等权的只有 1946 年序言第 13 条，但由于法国宪法的高度司法化，其他有关平等权的宪法条款都可以作为高等教育平等权之宪政基础。宪法第 1 条规定，“国家保障全体公民在法律面前一律平等，不论血统、种族和宗教信仰的不同”。该条被视为对 1789 年人权宣言确定的平等原则的再次强调。宪法第 34 条 3 款规定：“教育的基本原则应当由法律来规定。”这一条款直接确认了有关教育的基本原则属于议会立法的范围，而不属于政府的规章制定权。加之法国一直奉行卢梭的名言：“法律是公意的表达”，教育的基本原则为立法所确认更能体现人民意志，更加民主化。此外，这一宪法规定对法国现行教育制度中的平等权的实施颇具影响。因为根据现行宪法的规定，法律的合宪性审查交由宪法委员会审查，而政府规章的合宪性审查交由最高行政法院审查。如此，与教育有关的法律将得到宪法委员会全面的合宪性审查，侵犯教育平等权的法律规定将受到违宪的判决。

2. 宪法委员会判例中确认的教育平等权

（1）公务平等原则

法国宪法委员会在 1986 年的有关“通信自由”的宪法判例中将公务平等原则确认为公务的基本原则之一。高等教育机构作为公务机构，必须要遵守平等原则。因此，法国大学在招生录取工作这一提供公共服务的过程中严格遵守平等原则、为申请人提供平等的公共教育服务是一项宪法要求。此外，宪法委员会还通过几个判决间接强化教育公共服务存在的必要性：1991 年 5 月 9 日有关科西嘉地方行政单位地位的法律的判决；1994 年 1 月 13 日有关对私立教育机构提供资助法律的判决。

（2）积极差别待遇原则

差别待遇并不一定都违背平等原则，根据客观情况不同进行区别对待是为了消除既有的不公平、更好地实现实质平等。2001 年，宪法委员会针对巴黎政治学院多样化招生政策的合宪性问题，首先援引了 1946 年宪法序言第 13 条，确认了国家保障教育平等权的义务。然后宪法委员会肯定了巴黎政治学院这一新的招生方式的合宪性，但作了保留性解释并附加了一个条件，即“巴黎政治学院多元化招生制度细则必须受行政法官的合法性审查，学院领导委员会制定的客观标准必须尊重教育平等这一宪法要求”。此外，在最近的一个判决中，宪法委员会认为：“相关行政机关秉承客观理性的标准，根据公立教育机构的实际需要分配国家投入资金。在此过程中行政机关必须遵守 1946 年宪法序言第 13 条的教育平等要求。”这一判决再次确认了教育平等原则，加固了教育平等权的宪政基础。

（3）高等教育机构的“教育自由”原则

法国的高校分为私立和公立两类。法国私立大学与公立大学一样，能同等获得政府的长期拨款，甚至和公立大学的建制完全一样。这是源于宪法委员会 1999 年 7 月 8 日所作的有关“农业导向法”判决。在此判决中，宪法委员会确认了“高等教育自由”原则，其认为，“教育自由原则是共和国法律所确认的基本原则，为 1946 年宪法重新确认并由 1958 年宪法赋予宪法效力；在高等教育领域的教育自由原则可以从 1875 年 7 月 12 日法律以及 1880 年 3 月 18 日法律中找到依据；此外，1946 年宪法序言第 13 条的规定并没有否定私立高校的存在，也没有免除国家在法律规定条件下对私立高校提供国家补贴的义务”。因此，国家有义务对私立大学也提供相同的资金。“教育自由”原则的确认实际上是为了让受教育者有充分的选择权，以及让选择了不同教育机构的学生都能平等享受国家保障。

3. 国际法及欧盟法规范与判例对教育平等权的确认

在国际法层面上，法国所签署的国际公约中，也有诸多涉及教育平等的条款。1948 年《世界人权宣言》第 26 条宣称：“所有人都享有受教育权。”1959 年 11 月 20 日《儿童权利宣言》既强调了儿童“被父母抚养的权利”又强调了“受教育权”。1966 年 12 月 16 日通过的《公民经济、社会、文化权利国际条约》第 13 条，与《世界人权宣言》一样确认“高等教育应当向所有人平等开放……”。此外，1965 年《消除所有形式的种族歧视公约》第 17 条也确认了受教育和职业培训的权利。1979 年《消除所有形式的歧视女性公约》中，缔约国成员也在第 10 条中致力于采取合适的方法以保障女性享有与男性平等的受教育权。

在欧盟法层面上，《欧洲保护人权及基本自由公约》（以下简称《欧洲人权公约》）在其第 1 号议定书第 2 条明确确认了受教育权，“没有任何人可以拒绝受教育权……”。这也是《欧洲人权公约》唯一明确确认的公民受益权的条款。与法国宪法相比，公约议定书在受教育权保障上对国家义务的强调不及前者，对国家是否有义务组织免费的教育体系没有明确规定。但是，由于《欧洲人权公约》是具有强制力的国际公约，该公约对受教育权的宣告使得欧盟各成员国公民在权利受到侵害、穷尽国内救济途径时，仍然可以向欧洲人权法院寻求保障途径，教育平等权得到了相当全面的保障。此外，欧盟 2000 年 6 月 29 日第 2000/43/CE 指令中也涵纳了有关教育平等的内容：“在教育领域，每个人均有受平等对待的权利，而不论其国籍、人种或种族的差别。”法国 2004 年 12 月 30 日第 2004－1486 号法律对该指令进行了转化，在该法第二编第 19 条创设了专门的“反歧视以及保障平等的高级机构”，其职责首先是践行平等原则，保证不同种族的人都能享有无差别的平等待遇。

（二）高等教育平等权的立法政策框架

从上文所提的宪政基础可知，与教育平等直接相关的宪法案例比较稀少，其主要原因在于法国拥有十分完备的法律条款来保障教育平等权，并且实施效果较好。从2000年开始，法国《教育法典》形成，包括了与教育有关的法律条款与行政条例。这些规范都可被视为对高等教育平等权的形式保障。法国还有完备的法律和条例对教育制度进行规范，以使教育平等落实于细节之处。法国高等教育不仅严格遵从形式上的平等，比如高考统一原则、大学录取不筛选原则；此外，还不断争取实质的平等，采取一些纠偏措施，为穷困家庭学生提供更好的接受精英教育的机会，也称之为积极的差别待遇原则。在法国鲜明的中央统一管理的高等教育模式下，地方仅仅起配合作用，对大学进行必要的财政支持，但并不附加条件。如此，中央与地方关于大学的筹资制度的法制化与明晰化在一定程度上保障了大学招生的公正性。

1. 高等教育权形式平等的良好实现

《教育法典》伊始即对教育权进行了确认。高等教育机构遵守的基本原则由法国《教育法典》第一编第一章予以规定。根据《教育法典》第L. 111－1条，"教育是国家第一要务，教育的公共服务要以学生为中心进行组织和运作，且要致力于机会公平。受教育权是每个人都应当受保障的权利，以发展自我个性，提高个人基础和继续教育的水平，进行社会和职业生活，实施其公民资格。为了保障此权利在遵守机会平等的条件下实现，国家根据学生的财政状况和资质能力提供应有的帮助……"。

（1）大学录取制度中的"禁止选择原则"

禁止选择原则为《教育法典》第L. 612－3条所确认的，"所有获得中学毕业文凭的学生均可参与第一阶段的学习……所有涉及学校及教育分配的有关规定都禁止进行筛选……"。因此，通常情况下，法国高中毕业生通过会考后都能进入公立大学，法律禁止大学对申请该校的学生进行挑选。行政法院的判例禁止大学根据高考成绩选择学生、禁止大学在录取过程中考查学生档案、禁止举行入学考试。如此，仅从形式上而言，通过会考的高中生平等接受高等教育的权利得到了良好的保障。与此同时，禁止选择原则的例外情况也存在：其一，填报学校的人数超出了该学校实际的接收能力。在此种情况下，学区区长根据学生的居住地、家庭状况以及填报志愿的顺序决定学生的注册学校。其二，特定的学校或特定的学校院系可以进行择优录取。换言之，教育平等权在高等教育层面遭受两重限制：一是物质限制，以高等教育机构的接收能力为限；二是实质限制，与特定机构组织的择优录取有关。为了防止大学滥用权力、拒绝学生注册，行政法官对此起着十分重要的监督作用。拒绝学生注册的决定如果不是以上述两项法定例外之一为基础，那么该决定应受到撤销。1990 年 7 月 27 日最高行政法院作出的判决即为一个十分明确的例证。在该案中，两个学生遭到大学校长拒录，理由是其成绩未达到标准。行政法官撤销了该决定，理由有二：其一，这两个学生是首批提交注册申请的学生，当时学校的接收能力还没有超出；其二，该学校不属于法律授权可以进行择优录取的学校。因此，该大学校长的拒录没有任何正当性，得予以撤销。

（2）高等教育免费原则

法国 1946 年宪法序言第 13 条所确立的各阶段公共教育免费原则。法国宪法对此项原则的确认比国际条约更加严格。联合国 1966 年签署的《经济、社会、文化权利国际公约》虽然在其第 13 条确认每个人都平等享有受教育的权利，但是只明确了初级教育免费的原则。而关于第二阶段的教育和高等教育是否免费，该公约的态度比较谨慎，只规定了要通过逐渐实现教育免费制度来保障所有人都能接受更高层次的教育。《欧盟基本权利宪章》仅仅确立了义务教育免费的原则；修正后的《欧洲社会宪章》则明确了第一阶段和第二阶段教育免费的原则。法国最高行政法院在 1987 年的一个判决中确认，不论学生的居住地是否与学校所在地相同，学校都不应该向学生家长征收学费。但是，当今法国高等教育机构并没有严格遵守教育免费这一宪法性原则，还是会根据教育性质的不同收取较高（大学校）或低廉（普通大学）的注册费。究其原因，需要回溯到1946宪法序言生效时。当时，法国并未开启有效的合宪性审查机制，高等教育机构也收取一定费用的制度没有遭到合宪性质疑，因此这一违宪的机制保存了下来。但所谓瑕不掩瑜，现实中低廉的费用也未给公民的平等受教育权造成实质限制。

（3）大学筹资制度中的独立性保障

为了履行法定职责，大学需要获得足够的资金保证。根据资金来源分类，主要包括：国家补助，地方补助，大学生注册费，与企业、个人或公共团体订立合同所得。法国大学通过多种渠道获得资金的同时也能保持自身的独立性，主要得益于其以国家拨款为主、地方配合为辅的筹资模式。上文已经提及法国高等教育的一大特点即为集权式管理。此特点表现在筹资制度上即以国家拨款为主，由国家集中管理、分配财政资源，受地方及其他个人的资助较少。以巴黎一大2009年的资金来源比例图为例，国家的拨款仅在支付大学教师及职员工资这一项上就占到了56%，再加上国家其他行政部分的各项补贴，粗略计算共占巴黎一大资金总来源的80%左右。这一比例在客观上保障了大学的独立性，排除了其他财政因素对大学独立性的干扰，从而加强了大学招生政策的公正性，为公民教育平等权的实现起到了重要作用。

（4）司法救济保障受教育权的平等实施

所谓“无救济无权利”，获得公正、有效的司法救济权是民主法治国家公民的一项基本权利。公民平等地受教育这一项基本权利必须有完备的救济途径才能真正得到保障。而法国在这方面堪称典范。其主要的司法救济途径有三：其一，行政诉讼。大学及其他高等教育机构作出的是否录取学生的决定性质上是行政行为，因此行政相对人可以根据行政诉讼中的权力滥用程序提起诉讼、救济自己的权利。在对该决定的合法性存有“重大疑问”的情况下，当事人还可以在诉诸权力滥用程序之前请求紧急程序，包括暂停执行紧急审理程序、甚至自由保障的紧急程序。在实践中，行政法官对学校非法拒绝学生注册、规避教育免费原则的行为尤为关注。波尔多初级行政法院在 1988 年的一个判决中，以 1946 年宪法序言第 13 条为依据，撤销了市长拒绝外国籍儿童进入市镇小学接受教育的决定。其二，宪法诉讼。公民接受平等教育的权利是受到宪法确认的一项基本权利。但在 2008 年之前，公民不能通过宪法诉讼途径来捍卫自己的权利。2008 年 7 月 23 日宪法性法律对现行宪法进行了修改，新增第 61－1 条。该条规定，司法诉讼或行政诉讼的当事人可以在其宪法所保护的基本权利受到法律侵害时，对相关法律提起合宪性审查之诉，并由原审法院所属的最高层级的法院（最高法院或最高行政法院）向宪法委员会提起合宪性审查之诉。如此，教育平等权，这一为宪法所确认的基本权利获得了更大的保障。其三，欧洲人权法院受理的相关诉讼。欧洲人权法院在欧盟法体系内的地位举足轻重。所有《欧洲人权公约》缔约国成员的公民在自己权利受到侵害、穷尽国内司法途径而无法获得救济时，都可以直接向欧洲人权法院提起诉讼以保障自己的权利。该法院做出的判决对成员国具有强制力。

二、法国高等教育平等权的不足

形式上的平等却不能排除法国社会存在的诸多实质不平等现象。当今教育体系中最重要的问题已经不再是形式平等的问题了，而是要追求实质的平等。鉴于此，法国采取了一些积极的措施以促进实质平等，比如巴黎政治学院的积极的差别待遇政策（discriminations positives）与 2007 年开始的大学自治改革等。然而，改革举措的施行背后也带来了加剧社会不平等的隐忧。

（一）高等教育不平等现象

要概括出所有的教育不平等现象是十分困难的，通常在社会学的统计与分析中体现。简单说来，高等教育中不平等现象主要体现在以下两个方面：一方面，接受精英教育的社会阶层分布不平等。法国的大学校历来是培养法国社会各界精英的“摇篮”。

然而对那些来自经济拮据、生活窘迫的社会底层的孩子们来说，大学校是“可望而不可即”的。家庭出身较优越的学生在精英学校中所占比例大大高于家庭出身较差的学生，而前者的绝对数量却大幅度少于后者。下面一组数据可将既存的不平等现象加以形象化。根据法国高等教育部2009年的统计数据显示：干部和高级知识分子占法国总人口的11%，而工人的数量则达到25%，是前者的一倍；而他们的子女接受高等教育的比例却是成反比的。接受普通大学教育的学生中，有31.3%的学生来自干部和高级知识分子家庭，而仅有10.2%来自工人家庭；更大的差别存在于大学校预备班和大学校里。在大学校预备班里，工人家庭出身的学生仅占5.7%，而干部和高级知识分子家庭出身的学生则占到惊人的49.3%；此外，进入大学校的考试也十分困难，学生只靠课堂知识很难顺利通过大学校的入学考试，必须接受不同形式的校外辅导。问题在于，要让孩子接受这些校外辅导，没有足够经济来源的普通家庭是无法承受的。因此，真正进入培养精英的大学校的学生中，工人家庭出身的学生削减至3.8%，而干部家庭出身的学生依然盘踞了48.2%。更极端的数据出现在法国著名的高等师范学校，80%的在校生都来自条件优越的政府高官、企业高管、自由职业者等城市家庭。这样的数据不仅显示了教育体系中人数的不均衡，更加直接导致了社会的不公平。这与高等教育民主化背道而驰，使得民愤加深，改革也就在所难免。另一方面，教育结果意义上的不平等。平等权的实现应当体现在三个方面：机会平等、平等对待以及结果平等。教育结果意义的平等主要指受教育后就业机会的平等。由上文可以看出，法国现行的教育平等保障制度拥有完备的宪政基础，在运行中也得到行政、立法、司法全方位的保障。换言之，法国在高等教育的机会平等和平等对待两项上都具有比较完备的保障制度。然而，法国高等教育的结果平等还不尽如人意。法国高等教育培养的人才在国内就业率不高，在世界范围内的竞争力则呈现出弱化的趋势。根据瑞士洛桑国际管理学院每年发布的《国际竞争力年度报告》，多年来美国一直高居榜首。相比之下，欧洲各国，特别是英、法、德等老牌强国多年来一直跌至十强之后。法国乃至整个欧洲都不具备与美国进行高等教育竞争的优势。因此，法国政府近年来一直反思传统的高等教育体制的弊端，针对上文提及的不平等现象推进高等教育全面的革新。

（二）消解措施及其效果评价

1. 巴黎政治学院的多样化招生政策

虽然大学校的择优录取的招生模式在形式上捍卫了平等原则，但由于教育资源实际分配的不平等，实际上却未能实现真正的平等。以巴黎政治学院为例，因其入学考试难度十分大，考生在考前如果接受很好的培训和辅导，考试成功概率会得到很大提高。但辅导费用昂贵，家庭经济条件较差的学生很难负担。基于教育平等的价值诉求，巴黎政治学院从 2001 年开始对发展较弱区域的高中生试行新的录取模式。具体的录取程序如下：首先，巴黎政治学院与“教育优先区域”的中学签订合约，中学书面审查学生材料，遴选出第一批优秀候选人；其次，中学组织第二轮面试，包括校长在内的评审委员会对候选学生再次挑选；再次，被挑选出的学生在取得高中毕业会考文凭后，由学校向巴黎政治学院推荐；最后，巴黎政治学院组织再一次面试，由包括校长、教授、高层行政管理人员以及跨国公司领导人员在内的评审委员会进行评选并最终决定是否录取。2001 年 7 月 17 日法律对此新的录取模式给予了确认，并纳入《教育法典》。据统计，自从 2001 年开始施行这一新的录取制度以来，到 2009 年一共有 74 所中学与巴黎政治学院签订了协议，共录取 603 名学生。在通过此途径录取的学生中，有 70% 的学生家长为失业者或者工人，其中的 3/4 学生享受奖学金资助。纯粹从数据而言，该政策取得了不错的促进平等的功效。

在 2001 年 7 月 17 日《教育法典》生效之前，宪法委员曾对该法进行了合宪性审查。宪法委员会首先援引了 1946 年宪法序言第 13 条，确认了国家保障教育平等权的义务。然后肯定了巴黎政治学院这一新的招生方式的合宪性，但作了保留性解释。该解释附加了一个条件，即“巴黎政治学院多元化招生制度细则必须受行政法官的合法性审查，学院领导委员会制定细则的客观标准必须尊重教育平等这一宪法要求”。因此，具体招生细则是否违宪并没有最终定论，而必须要具体考察其是否尊重教育平等。宪法委员会作出这样的保留旨在防止此积极的差别待遇措施对普通考生的平等受教育权造成损害。在实践中，巴黎政治学院作出的第一批录取决定就遭遇了被巴黎上诉行政法院撤销的寒流。主要理由有三：其一，巴黎政治学院校长与特定教育优先地区的中学签订的合约中没有明确遴选学生的具体标准。校长的自由裁量权未受客观标准框架界定。其二，按照2001年7月17日法律规定，新的录取方式试行期结束后应当接受评估，如果效果佳才予以推广普及。而行政法官认为校长的决定中省略了评估的标准，该决定的正当性存在问题。其三，合约的有效期为5年，且如果双方无异议，可自动延伸至10年。行政法官认为这一期限明显超过了合理的试行期限。由上可知，巴黎上诉行政法院的判决完全遵照了宪法委员会判决中所作的保留。最大程度减缓多样化招生政策的潜在危险，即避免没有达到促进实质平等的目的的同时却损害了形式上的平等。

2. 奖学金比例制度

为了促进家庭贫困的学生有更多机会接受精英教育，法国政府敦促大学校尝试改变现有的招生方式，2010年伊始，法国教育部部长贝克莱丝宣称“社会标准奖学金”（Bourses sur critères sociaux）享受者的比例逐步增至30%。这一改革立即在法国社会各界引起了众多反响，不少人认为大学校的招生应该以“考试成绩为标准”，而政府增加奖学金学生配额的设想将势必影响大学校学生的平均教育质量；另一部分人认为增加享受奖学金的贫穷学生进入大学校是促进受教育机会平等的良策，而认为该改革举措会导致教学质量下降则是歧视性言论。也有社会观察家认为，政府的初衷良好，但实际情况却难以如愿。因为，法国在教育制度方面的不平等不是增加一些大学校的奖学金名额所能解决的。这种教育的不平等在中小学时期就已经形成，大学时期要想改变为时已晚。

应该说，政府拟增加大学校奖学金学生的比例是个积极举措，可以让更多本不具备条件的普通家庭孩子接受大学校的优质教育，使法国的精英教育更具平等性。然而真正要找到“治本方略”，彻底改变法国教育中的不平等现象，绝非增加几个大学校的奖学金名额所能解决的。法国仍然需要更为深刻的社会机制变革以促进教育的实质平等。

3. 大学自治改革的暗礁

正如上文所述，随着知识经济的发展、全球化趋势的不断加强，法国高等教育特别是公立大学教育出现了效率欠佳的情况。毕业生就业率低、法国大学在国际范围内竞争力弱等现象也不容小视，直接影响到法国受教育权的结果平等的保障。因此，法国政府开始了一系列加强大学竞争力的改革。从2007年“关于综合大学自由与责任的法律”颁布开始，大学改革正式拉开序幕。法国政府对这场改革的目标明确：要放松对于大学的统一管理。大学一旦享有更多的自治后，有了更多的能力，变得更灵活、主动、积极，就能够克服原有的一些问题，也能更好地应对新的竞争和挑战。2008年对于法国高等教育而言是十分重要的一个改革年。所有的大学在2008年按照《大学自由和责任法》改革了其管理模式。大学在人事任免、财政预算等方面获得更大的自主权。2009年1月1日起，法国大学自治改革又迈出了新的一步。经过对人力资源管理、财会管理、特色专业以及资讯系统管理四项标准的筛选后，20所大学被选为首批试点开始实施自治。这20所自治大学约占法国综合大学总数的1/4，共有在校生31.5万人，教师及研究人员19 000人。

然而，这场改革能否真正达到预期目标从一开始就遭遇了强烈的质疑，这到底是一场追求结果平等的改革，还是一条走向大学民主平等失落的不归路？改革之后，政府将把以往属于自己的权力让渡给大学，大学拥有了完全的财政权和人事权。同时，少量经济界代表可以进入大学决策层，大学也可以设立基金来吸引更多的资金资助。这样，大学就成了自己命运的主人，可以决定自己的战略和未来走向。然而，这场改革背后也隐藏着诸多暗礁：首先，为了自身的发展和获得更多财政资源，大学或许会和经济界达成一些潜在威胁教育公平的协议；其次，大学间竞争的加剧，可能会打破现有区域教育相对平衡的格局，拉开大学间的差距；最后，大学校长的权力增大的同时，如何理性地规制权力、保障大学民主管理也是一个巨大的挑战。我们期冀随着改革的不断深入，法国逐渐完善的高等教育利益表达机制和更加灵活的高等机构自治结构将会对高等教育发展过程中出现的问题进行及时处理。

三、法国教育平等权保障对中国的启示

现在法国的高等教育改革已经开始对其未来的社会经济发展以及整个欧洲的社会经济发展产生重要的影响。而知识经济的发展不仅是欧洲国家或法国正在面对的挑战，也是我国现在经济发展的趋势。法国的高等教育改革措施对我国目前的高等教育发展具有重要的借鉴意义。我国的高等教育也应该致力于推动人员的流动、优化高等教育资源配置和提高高等教育质量，努力满足知识经济发展的要求，为促进知识经济发展提供智力支持。我国近三十年来在经济层面取得了令人为之侧目的成就，但在社会层面仍处于制度转型时期，和发达国家相比还有很大差距。在教育制度领域，从1999年夏季开始，我国进行了高校扩招。这一举措促进了我国高等教育的快速发展，使高等教育走向大众化和普及化，提高了人口素质。然而，与此同时，一些弊端也逐渐显露，其中以高等教育不平等现象尤为突出：其一，“高考移民”现象严重。这一现象的主要原因是我国教育资源分配不均衡，经济发达地区的考生比经济欠发达地区的考生拥有更多受高等教育的机会，导致了大量“高考移民”的出现。其二，高考加分制度的不

规范也导致公民受教育权受到不公平对待。其三，大学学费高昂，贫困家庭难以负担。这导致很多学生受教育权受到克减，高等教育的平等备受诟病。其四，大学毕业生失业率高，就业机会不平等。大学课程设置重复，考试衡量标准单一，导致毕业生难以适应市场的需求。“他山之石，可以攻玉”，法国虽然是一个面积为 55 万平方公里、仅有 6000 多万人口的国家，但是，通过上文对法国的高等教育体制及其改革的介绍和分析，笔者在此对我国当今高等教育的改革与发展提出一些可能性的建议，为保障公民教育平等权开启一个新的视野。

第一，大学行政主体地位应进一步明确。近年来，在全国各地的司法实践中，高校作为法律法规授权组织，具有一定行政管理权的观念已经被法院的判例所认可，也有越来越多的大学作为行政诉讼的被告。比较有名的案例有：杭焱诉南京理工大学取消研究生入学资格案、张旺诉东南大学不依法履行法定职责请求行政赔偿案和涂冬华诉湖南医学高等专科学校行政处理决定案。这一趋势体现了对公民基本权利在高等教育领域实施的重视。然而，法律层面尚未对此有明确规定。因此，笔者建议在《行政诉讼法》和《高等教育法》将来的修改中确认这种实践经验，并将受案范围和高校的被告资格明确化，使高校的日常管理和招生能在更加法制化的轨道上运行。

第二，中央与地方在高等教育领域的管辖权限划分法定化。目前各地高校招生之所以存在普遍的地方保护主义，在很大程度上是因为高校在财政、土地等资源上严重依赖地方政府，在招生指标分配过程中面对当地政府的重重压力，因而不可能主动对全国各地考生一视同仁。而要改变这一状况，笔者认为中央教育部门必须在教育机会平等方面承担起应有的监管责任，要保护各地考生的平等受教育机会，同时，中央又不能打击地方支持教育事业的积极性。在此种情况下，明确中央与地方的管辖权限显得尤为重要。我国可以借鉴法国《教育法典》中的规定，由中央发挥主导作用，在全国形成并实施公平和统一的录取标准，而地方扮演配合的角色，支持教育的发展而不附加诸如增加高校对本地考生的录取比例的条件，逐步取消高校招生的地方保护主义，实现高等教育的机会平等。

第三，改革高校招生制度和考试制度。法国高考制度的多样性和人性化考量始终将考生的受教育权放在首位，考生可以通过多种途径进行高等教育。我国改革现有的高考制度和大学录取标准可以分阶段进行。首先，实行全国一张卷，统一评阅，统一分数线，实现形式平等的目标；其次，大学录取过程更加透明，可以借鉴法国的积极导向机制，提高学生、中学、高校三位一体的互动程度，令招生过程更加民主，保障学生实质的受教育自由；最后，调配大学的专业合理设置，使之更适应社会需求，保障学生的就业率，实现受教育权结果意义的平等。

在进行阶段性改革的同时，加分制度这一积极的差别待遇政策也应得到更理性的对待。既要重视这一政策对实现教育实质平等的作用，又要防止其成为滥用特权的一个常见途径。网络调查显示，2/3 的网友认为防止“高考移民”的根本途径是全国统一录取标准，取消地区指标配额制，消除高考移民动机。同样比例的网友认为，高校招生对于教育落后地区的照顾政策应该以考生接受的基础教育质量为标准，只有 15% 的网友认为应该以省区为标准。这表明社会普遍认为高校招生应该对贫困落后地区予以照顾，但是同时希望特殊照顾不因为过分简单化的地区划分而流于形式，造成“高考移民”和教育及社会资源浪费。高达 55% 的网友非常希望中央发展完备的考生和家庭信息系统，为合理的高校优惠政策提供依据。具体如何改革还应当在广泛的社会调研后施行，而且在施行过程中一定要强调监督，笔者认为，我国可以借鉴法国行政法官的监督模式。尽管我国没有行政法院体系，但是在推行行政诉讼的改革中需要强调法官在这一领域的职责。

第四，完善教育立法、拓宽权利救济途径。法国高等教育的每一次重大变革，都伴随着法律的制定而进行。高等教育的立法最早可追溯到拿破仑时期，1802 年和 1806 年分别通过了《关于公共教育的基本法》和《帝国大学令》。通过一系列立法，法国建立了第一个国家教育管理机构——帝国大学，确立了中央集权的教育体制。随着现代形势的发展变化，法国出台了好几部有关高等教育方面的法律。1968 年通过了《高等教育方向指导法》，它确立了著名的法国高等教育基本原则：自治、参与、多学科。这个法案奠定了法国现代高等教育的基础。1984 年通过了《高等教育法》；1989 年通过了《法国教育指导法》；1998 年和 2004 年则分别通过了《构建欧洲高等教育模式》和《大学自治法律草案》。同时，法国对教育平等权的司法保障十分完善：宪法诉讼、行政诉讼都能使公民教育平等权遭到侵害时能得到救济。而在我国，由于高校招生和考试过程不能进入司法程序，考生的合法权益得不到有效保护。虽然也有数部有关高等教育方面的法律法规，如《教育法》、《高等教育法》、《学位条例》、《高等教育管理职责暂行规定》、《教师法》等，但高校招生的基本制度尚未得到立法的明确确认；此外，高等教育的机会平等作为公民受宪法保护的基本权利也未能得到法律的具体化，因此，全国人大或常委会有必要在这个领域制定专门法律，至少在《高等教育法》等相关法律中加入专门章节规定教育公平的基本原则和高校招生如何体现教育公平的具体措施，从而使高等教育平等权的立法保障得到强化。最后，立法得到强化后，司法保障也必须加强，使公民受教育权受到侵害时能够得到有效救济。

第五，强化高校自治权，加强大学的民主化治理。法国最古老又最具代表性的巴黎大学史上是脱胎于巴黎圣母院的教会学校，在其发展历史上为学术自治权力和教会展开了长期的斗争。自此法国大学也有了反对外部干涉、维护自身的学术自治权的传统。在我国，大家对大学的自主权尚无统一看法，法律规定也比较模糊。事实上，大学的自主权相当有限，高校隶属于政府，学校缺少自主权，按部就班，缺乏活力。高校在行使一定的行政权力时，已经出现走向官僚化的不良倾向。为了适应社会的发展和国际潮流，我们应该加强学术自治，加强学术权力。当然，我国高校的这种自治只能是有限的自治，而不是完全自治，更不是放任自流，无视政府和法律、无视学生的权利。只是在高校的行政管理体制中更多地注入民主元素，保障教育质量，这也是实现实质性教育平等的一个不可忽视的层面。

撩动恢复性司法的面纱

——几点质疑及有限引入

◎王 平 冯 聪*

内容摘要：自恢复性司法概念引入我国之后，得到学者高度的赞扬和肯定，同时学者们亦积极呼吁在我国刑事司法实践中引入恢复性司法。然而，恢复性司法真的如大多数学者所称赞的那样成本低、效果好，我国亟待引入吗？本文在对恢复性司法简要介绍之后，提出几点质疑，也即指出恢复性司法与刑法原则的冲突，其成本也并非如此之低，同时还存在种种本土化的障碍。此外，针对我国的引入提出两点构想。总之，基于我国现存的社会环境、法制环境以及本土资源现状，恢复性司法的引入应当谨慎，但其所具有的促进犯罪人更好地回归社会和社区良好建设的优点不可忽视，因此可在有限制的前提下逐步引入其适合我国现状的措施和手段。

关键词：恢复性司法；质疑；本土化；有限引入

随着世界范围内轻刑化、去犯罪化以及刑罚个别化理论的兴起和发展，同时基于对传统刑事司法模式存在

---

* 王平，男，法学院博士，中国政法大学刑事司法学院副院长、教授、博士生导师，中国政法大学恢复性司法研究中心主任。冯聪，男，中国政法大学中欧法学院，刑法学硕士，汉堡大学LLM。

问题的反思，具体问题如忽视被害人、被害人损害难以恢复、特殊预防效果差、再犯罪率高，等等，呼吁要求以恢复性正义替代报应性正义，基于对被害人损害的恢复，对犯罪人更好融入社区、回归社会考量的恢复性司法模式理论迅速崛起。自1974年，加拿大安大略省的基奇纳正式实施的被害人—犯罪人和解计划恢复性司法实践活动伊始，类似的实践在北美其他地区、欧洲以及世界的其他地区流行开来。[1]其引起了世界范围内的重视和研究，其概念、特征、模式、程序、效果得到了各国学者的广泛深入的研究与整合，恢复性司法的实践也在世界各国广泛开展，也取得了良好的效果验证。自2000年前后该概念被引入中国之后，得到了中国学者的高度重视和深入研究，得到了高度的赞扬和肯定，同时亦呼吁在我国刑事司法实践中引入恢复性司法。

一、恢复性司法概述

被认为是世界上第一起体现恢复性司法理念的案例可以追溯到1974年。针对一起两个年轻人一系列破坏性活动的犯罪行为，在当地缓刑机关和宗教组织的共同努力下，采取了一种被害人—犯罪人和解的方式使得犯罪人不仅认识到自己犯罪行为的损害并积极缴纳了赔偿金。[2]该案例被认为是恢复性司法的起源。此后，在世界范围内得以扩展。据估计，截至20世纪90年代末，欧洲共出现了500多个恢复性司法计划，北美的恢复性司法计划也达300多个，世界范围内的恢复性司法则达1000多个。[3]时至今日其数目更是可想而知。

（一）恢复性司法基本概念

恢复性司法，其对应英文是 Restorative Justice，不同国家和

---

〔1〕 吴常青："论恢复性司法的本土资源与制度构建"，载《法学论坛》2006年第3期。

〔2〕 具体参见纪丙学："刑事和解的价值与制度构建"，载王平主编：《恢复性司法论坛（2007年卷）》，中国检察出版社2007年版，第108页。

〔3〕 王建源："迈向对话的正义——协商性司法的制度逻辑及本土实践"，载王平主编：《恢复性司法论坛（2007年卷）》，中国检察出版社2007年版，第50页。

地区的翻译有所区别，香港地区翻译为“复合公义”[1]，我国台湾地区翻译成“修复式正义”，日本称作“修复性司法”[2]。我国学者大多采联合国的标准翻译即恢复性司法。

国内外学者对恢复性司法虽然作了深入而广泛的研究，然而并未形成一致的定义，对其的表述也比较宽泛和模糊。国内学者一般不予定义，要么采一种比较简略的表述，如“恢复性司法是指与特定犯罪有利害关系的各方共同参与犯罪处理活动的司法模式”[3]，或表述为“恢复性司法是一种关注被害人遭受的损失的恢复程序、强调犯罪人对其造成的损害承担责任、重建社区和平的犯罪反应方式”[4]；或者直接以联合国《关于在刑事事项中采用恢复性司法方案的基本原则》的表述为依据：即“恢复性司法方案”系指采用恢复性程序并寻求实现恢复性结果的任何方案；“恢复性程序”系指通常在公正第三方帮助下，受害人和犯罪人及酌情包括受犯罪影响的任何其他个人或社区成员共同积极参与解决由犯罪造成的问题的程序；“恢复性结果”系指由于恢复性程序而达成的协议，恢复性结果可能包括旨在满足当事方的个别和共同需要和履行其责任并实现受害人和罪犯重新融入社会的补偿、归还、社区服务等对策和方案[5]。

而国外学者则大多都给予定义性表述，如霍华德·泽尔（Howard Zehr）认为恢复性司法最大程度上吸纳在一个特定案件

---

〔1〕 参见黄成荣：“以复合公义处理学生欺凌行为”，载王平主编：《恢复性司法论坛（2006年卷）》，群众出版社2006年版，第84—98页；温景雄、竺永洪：“复合公义在香港的试点成效”，载王平主编：《恢复性司法论坛（2006年卷）》，群众出版社2006年版，第99—120页。

〔2〕 王平：“卷首语：第三只眼睛看刑事司法”，载王平主编：《恢复性司法论坛（2005年卷）》，群众出版社2005年版，第1页。

〔3〕 吴宗宪：“恢复性司法述评”，载《江苏公安专科学校学报》2002年第3期，第69页。

〔4〕 宋英辉、许身健：“恢复性司法程序之思考”，载《现代法学》2004年第3期，第32页。

〔5〕 See Basic principles on the use of restorative justice programmes in criminal matters.

中的利害关系人参与司法过程，以求共同地确定和承认犯罪所引发的损害、由该损害所引发的需要以及由此产生的责任，进而最终实现最大程度上的对于损害的补救目标。〔1〕

丹尼尔·W. 范内斯（Daniel W. Van Ness）则认为恢复性司法是对犯罪行为作出的系统性反应，它着重于对被害人、社会所受伤害的补偿及对犯罪行为人的改造，以恢复又有社会秩序为目的的犯罪矫治实践及步骤。〔2〕此外，学者马歇尔认为恢复性司法是一种处理犯罪相关问题的新型方式。〔3〕英国学者托尼·F. 马歇尔（Tony Marshall）的定义被认为是最为广泛使用的，“恢复性司法是一种过程，在这一过程中，所有与特定犯罪有关的当事人走到一起，共同商讨如何处理犯罪所造成的后果及其对未来的影响”〔4〕。正如格里·约翰斯通（Gerry Johnstone）和丹尼尔·W. 范内斯在《恢复性司法手册》中所言：“恢复性司法不可能具有单一概念”，并在文中从三种概念即会面概念、补偿概念和转变概念，以及这三种概念的重叠交叉来阐述恢复性司法的内涵。〔5〕

综上，学者对恢复性司法概念的具体表述虽有不同，但都具有相同的程序、方式、内容和目标。即所谓恢复性司法是指，通过一定的程序，选择相应的模式，使得被害人、犯罪人以及受特定案件影响的人都参与到这种方式中来，以此使受损害人的损害得以恢复，使犯罪人得以认识其行为后果并能更好融入社会，同时使受到损害的社会关系得以恢复的实践模式。

〔1〕 霍华德·泽尔：“恢复性司法”，章祺、闫刚、徐青果、钟连福译，载王平主编：《恢复性司法论坛（2005年卷）》，群众出版社2005年版，第387页。

〔2〕 丹尼尔·W. 范内斯：“全球视野下的恢复性司法”，王莉译，载《南京大学学报（人文社会科学版）》2005年第4期，第132页。

〔3〕 托尼·F. 马歇尔：“恢复性司法概要”，刘方权译，载王平主编：《恢复性司法论坛（2006年卷）》，群众出版社2006年版，第323页。

〔4〕 王平：“卷首语：第三只眼睛看刑事司法”，载王平主编：《恢复性司法论坛（2005年卷）》，群众出版社2005年版，第2页。

〔5〕 参见［英］格里·约翰斯通、［美］丹尼尔·W. 范内斯：《恢复性司法手册》，王平、王志亮等译，中国人民公安大学出版社2012年版，第5—24页。

（二）恢复性司法模式在国外

诚如约翰·布雷思韦特（John Braitwaite）所言，在20世纪90年代，恢复性司法成为一面统一的旗帜，将各种各样的司法传统诸如赔偿、和解、调解、矫正、关系司法、实质正义以及共和正义等统统收归囊中。[1]世界各国虽都在实行恢复性司法实践，然而各国根据其司法传统及资源所采取的模式或者说方式是不同的。纵观世界各国实践，以被害人—犯罪人和解、家庭小组会议以及量刑圈三种方案为主。

第一，被害人—犯罪人和解。对应英文概念为 Victim-Offender Mediation，亦有翻译成被害者—犯罪者会谈。[2]被认为是世界上第一例恢复性司法的案例，加拿大安大略省案例就是采用这种方案。在被害人—犯罪人和解方案中，恢复性司法采取的形式是在受过专业训练的调解人——一般倾向于选取社区义工——的协助下，被害人与犯罪人面对面交流，就犯罪所造成的影响交换意见，最终就犯罪人应如何修复伤害达成共识。[3]被害人—加害人调解方案是恢复性司法的标志性模式，在欧洲各国得到了广泛的采纳适用。在欧洲国家里，被害人—加害人调解是用来处理成年人和青少年犯罪的主要恢复性司法方式……几乎在欧洲的任何地方，被害人—加害人调解都被认为是恢复性司法最佳的实践方式……通常对二者并不作区分：被害人—加害人调解就是恢复性司法，而恢复性司法则被限定为被害人—加害人调解。[4]但是，

---

〔1〕 约翰·布雷思韦特："恢复性司法：积极和消极理由评估"，刘山煽译，载王平主编：《恢复性司法论坛（2007年卷）》，中国检察出版社2007年版，第272页。

〔2〕 霍华德·泽尔："恢复性司法"，章祺、闻刚、徐青果、钟连福译，载王平主编：《恢复性司法论坛（2005年卷）》，群众出版社2005年版，第392页。

〔3〕 ［英］格里·约翰斯通：《恢复性司法：理念、价值与争议》，郝方昉译，中国人民公安大学出版社2011年版，第3页。

〔4〕 ［意］安娜·迈什蒂茨、西蒙娜·盖蒂：《欧洲青少年犯罪被害人—加害人调解——15国概览及比较》，李乐鸣等译，中国人民公安大学出版社2012年版，第6页。此外，该书比较详细地罗列了该模式在欧洲15国具体不同的实践内容，如在德国虽采取恢复性司法模式，但是除非在转处的程序框架内，案件均不得撤销，即不能免予处罚，而奥地利则不同。具体参见其内容介绍。

不同国家其实践的具体内容又有不同，如在德国虽采取恢复性司法模式，但是除非在转处的程序框架内，案件均不得撤销，即不能免予处罚，而奥地利则不同。

第二，家庭小组会议。即 Family Group Conferences，或可称之为家庭成员会议。该方案相较于被害人—犯罪人和解方案扩大了参加者的范围，将家庭成员和与双方有直接关系的个人都包括在内。两种基本的家庭成员会议模式是主流模式，一种模式在北美获得很多关注，最初由澳大利亚一个小城沃加沃加城的警察利用其普通法上的警戒权进行会议模式尝试，此种模式被称之为沃加沃加模式，在全球范围内以惊人的速度激增。此后又受到布雷思韦特的重新融入性羞恶理论影响，被英国的警察机构所效仿，即所谓“恢复性警戒”（Restorative Cautioning）。

另一种模式起源于新西兰，1989 年新西兰的一项法令将家庭小组会议作为一种新的处理青少年犯罪以及青少年关护问题的方案，源自于毛利人的司法实践和司法观念。[1] 此种模式所达成的方案不仅包括修复伤害，而且还包括一个行动计划，借以根除引起犯罪的潜在原因，从而预防再犯。

第三，量刑圈。即 Sentencing Circles，亦被称为圆桌会议。此种模式首次适用于 1992 年的加拿大的育空区法院，法官巴里·斯图尔特邀请一位多次袭警的本地人所在社区的成员参与到量刑圈。由一两个人作为“圆桌会议的看守人”即促成者，由利害相关的社区成员参与讨论与特定案件相关的问题及解决方案和预防策略，法官在量刑圈所提供的信息基础上，裁量刑罚，并作出其他相关的指令和建议。值得注意的是，由于量刑圈由利害相关的社区成员参与，其讨论的内容比一般的恢复性司法方案更为广泛，还涉及如社区应当对犯罪的发生负怎样的责任，以及如何

---

〔1〕［英］格里·约翰斯通：《恢复性司法：理念、价值与争议》，郝方昉译，中国人民公安大学出版社 2011 年版，第 5 页。此外，参见霍华德·泽尔：“恢复性司法”，章祺、阎刚、徐青果、钟连福译，载王平主编：《恢复性司法论坛（2005 年卷）》，群众出版社 2005 年版，第 393 页的相关内容。

承担这一责任等问题。[1]

此外，有学者认为还有两种潜在的方式：一是恢复性补偿，即由犯罪人补偿被害人因犯罪行为所遭受的损失，这种补偿可以用金钱，可以返还财产原物或是返还价值相当的替代物，或者直接为被害人提供某种形式的服务，或是以任何对方同意的方式进行；二是社区服务，这是一种比较常用的方式，它要求犯罪人为慈善机构或政府机关提供无偿义务劳动，也可以通过强制方式实施。[2]但笔者认为，恢复性补偿或社区服务应该是和解或者会议的结果，是一种责任的承担方式，而非具体的恢复性司法模式。

二、恢复性司法的几点质疑

自2000年左右恢复性司法概念引入我国以后，得到广大学者深入和广泛研究，亦得到绝对的肯定和推崇。同时亦有学者指出，恢复性司法存在理论缺陷以及弊端之处。笔者内心亦有疑虑，故此从三个角度粗略提出针对恢复性司法的几点质疑。

（一）与刑法基本原则的冲突

刑法的基本原则有罪刑法定原则以及罪行相当原则。然而在恢复性司法领域，罪名的认定和刑罚的确定由被害人决定或者社区成员确定，难免与刑法的基本原则相矛盾冲突。并与犯罪的本质不仅仅是损害被害人个人，最终是对社会、国家的损害的犯罪本质的认识难以调和。[3]

1. 罪刑法定原则

罪刑法定原则的基本含义是，“法无明文规定不为罪”、“法

---

〔1〕 具体内容参见［英］格里·约翰斯通：《恢复性司法：理念、价值与争议》，郝方昉译，中国人民公安大学出版社2011年版，第4—5页；以及霍华德·泽尔：“恢复性司法”，章祺、闻刚、徐青果、钟连福译，载王平主编：《恢复性司法论坛（2005年卷）》，群众出版社2005年版，第394—395页的相关内容。

〔2〕 丹尼尔·W. 范内斯：“全球视野下的恢复性司法”，王莉译，载《南京大学学报（人文社会科学版）》2005年第4期，第409页。

〔3〕 我国学者亦有从犯罪的本质角度分析恢复性司法的理论缺陷，具体参见李震：“恢复性司法应当缓行”，载《法学论坛》2007年第4期；祝圣武：“论恢复性司法的两大理论缺陷”，载《江西公安专科学院学报》2007年第3期。

无明文规定不处罚”。我国《刑法》第3条规定：“法律明文规定为犯罪行为的，依照法律定罪处刑；法律没有明文规定为犯罪行为的，不得定罪处罚。”这是我国刑法对罪刑法定原则的明确。罪刑法定原则的确立是具有重大历史意义的，是刑法现代化和文明化的标志，是对犯罪人权利的保证和明确。然而，恢复性司法由被害人与犯罪人协商，或者通过家庭小组会议或者量刑圈，由当事人自己或者社区成员确定犯罪人的行为性质，是明显违背罪刑法定的基本原则的。罪刑法定原则不仅仅是刑法原则也是一项宪法性原则，恢复性司法是对罪刑法定刑法基本原则的冲击，其后果不能不予以慎重考虑。

2. 罪刑相当原则，亦即罪刑相适应原则

我国《刑法》第5条规定：“刑罚的轻重，应当与犯罪分子所犯罪行和承担的刑事责任相适应。”这是对罪刑相适应原则的明确。其具体内容包括，刑法与罪质相适应、刑罚与犯罪情节相适应、刑罚与犯罪人的人身危险性相适应。[1]然而在恢复性司法模式中，无论是被害人—犯罪人和解模式，或者家庭小组会议还是量刑圈，在由当事人自己或者利害相关的社区成员决定犯罪人行为性质的情况下，相关人员的社会地位、经济水平、阶层以及犯罪人对社区的贡献及影响，都会成为决定的影响因素，从而使得最终的方案，可能会显得较为随意和不稳定。正是基于此种不稳定，使得民众对法律的可预见性后果造成混乱和模糊，无论是对犯罪人自身的实质作用还是刑罚的一般预防作用，都会呈现一种不稳定状态，对其负面影响应当予以明确考量。

（二）恢复性司法的成本

恢复性司法的倡导者对恢复性司法大加推崇的理由之一便是恢复性司法相较于传统司法模式更为节约司法成本。从学者相关文献阅读中发现，有的学者在其成本比较中有一种片面扩大传统司法成本的心理倾向，如有学者把刑法立法成本纳入传统司法模

---

〔1〕 张明楷：《刑法学（第3版)》，法律出版社2007年版，第61—62页。

式成本之中，而在恢复性司法成本比较中，不予考虑恢复性司法相应的立法成本，[1]并且在恢复性司法不能完全取代传统刑事司法的明确论证前提下，刑事立法成本是必不可少的；或者如格里·约翰斯通所指出的，倡导者经常是基于错误的比较而得出的主张，如把为一个相当微小的犯罪而运作的家庭小组会议所花经费，不是与简单的警戒或者常规的审判、罚金、缓刑所花经费，而是与在高级法院中昂贵的起诉和开销甚巨的监禁刑相比较。[2]可谓是一针见血，我国学者亦存在着此种很明显的倾向。以下五点从恢复性司法的角度来考量其运行的成本：

1. 恢复性司法的立法成本[3]

恢复性司法要得以有效、持续地运转，摆脱相应的随意性和不稳定性，关于恢复性司法的程序立法必不可少也是势在必行的。恢复性司法的程序立法是要在社会实践不充分、相应环境不明确、相关经验不充足的情况下进行，其论证成本、设计成本、实验成本都不会小于现行的刑事立法成本的。

2. 恢复性司法的会面成本

相当于刑事诉讼的诉讼成本，在恢复性司法方面，前期的疏导和交流工作成本、中立人员或机构的选择工作成本、与会人员的确定工作成本、会谈商讨成本（各自有自己的考虑和选择，会谈、交换、协商成本不可小视）、会谈组织的成本，等等，这些都是恢复性司法得以运转所必需和不可少的程序和工作。有观点认为，恢复性司法成本低，其原因之一在于，当事人不需要请律

---

〔1〕 刘仁文、周振杰："恢复性司法的经济分析"，载王平主编：《恢复性司法论坛》（2007 年卷），群众出版社 2005 年版，第 12 页。此外，在其比较分析中，其所列举的传统刑事司法模式的成本都是恢复性司法也具有的，在没有具体量化的前提下的比较是没有意义的。

〔2〕 [英] 格里·约翰斯通：《恢复性司法：理念、价值与争议》，郝方昉译，中国人民公安大学出版社 2011 年版，第 31 页。

〔3〕 关于恢复性司法的立法所存在的相关问题，参见丹尼尔·W. 范内斯、帕特·诺兰（Pat Nolan）："恢复性司法立法"，黄玉良译，载王平主编：《恢复性司法论坛（2007 年卷）》，中国检察出版社 2007 年版，第 361—401 页。

师[1]。果真如此吗？在某些情况下，可能嫌疑人的行为并不构成犯罪，在没有律师的情况下，如何保障犯罪人的权利？

3. 调解机构的建立以及调解人员的培训成本

无论是被害人—犯罪人和解模式、家庭小组会议模式还是量刑圈，不可缺少的都是处于中立地位的协调机构以及调解人员。在国外，非营利性机构比较发达，这一角色可由相应的非营利性机构担当，但是相关人员的培训成本必不可少，因为这涉及犯罪人的罪与非罪及其所承受的责任。而在我国，非营利性机构不发达，且监管存在问题，调解性机构必须依赖国家力量的兴办和鼓励，其时间成本和财力成本消耗不能忽视。还有学者认为，我国乃调解大国，调解资源丰富，调解人员充足，可得以有效的整合和利用。[2]我国调解资源丰富确实不错，然而正如上述所言，恢复性司法也涉及犯罪人的罪与非罪认定以及刑罚责任的承担，所以与我国传统的调解制度还是有所差异的，恢复性司法程序的调解人员的培训必不可少。

4. 执行成本

与传统刑事司法模式一样，恢复性司法亦存在着执行成本的问题。具体表现为由谁来监督和解协议或者方案的执行，监督须由具体的人员来做，谁有权利，由谁来监督；谁来评估，由于恢复性司法的和解协议或方案内容与传统刑事司法的结果不同，因此还存在着评估的问题，即由谁来评估相关协议的执行情况；在此基础上还存在评估标准的问题，谁来制定，等等。恢复性司法的执行成本问题并不见得比传统刑事司法模式的问题少。

5. 外在的监督成本

恢复性司法实质上就是刑事审判权的下放，下放到当事人或

---

〔1〕 邵军："恢复性司法的利弊之争"，载《法学》2005年第5期，第115页。

〔2〕 参见刘山嫦："恢复性司法在我国的本土化"，第87—94页；郭开元："论刑事和解制度与我国传统刑法理论的冲突和契合"，第95—104页；纪丙学："刑事和解的价值与制度构建"，第105—139页，载王平主编：《恢复性司法论坛（2007年卷）》，中国检察出版社2007年版。

者利害相关的社区成员手中。有权力必须要有外在的监督存在，否则会存在权力的滥用现象。传统刑事司法模式中，有法院级层之间的监督，有检察院对法律实施的监督，传统刑事司法模式的监督体系已经形成，并且能够相对有效地发挥作用。对于恢复性司法的监督机构、监督体系、监督程序以及监督方式都是需要重新构建和确立的，此项成本不可谓不大。

综上所述，学者在缺乏实际数据以及具体量化的前提下，在缺乏同一比较基础之上所得出的恢复性司法更为节约成本的结论，似乎不那么可信。其所罗列出的恢复性司法得以良好运行所需的具体成本，也似乎不能断然得出恢复性司法的成本低于传统刑事司法模式。认为恢复性司法能够节省经费的主张是严重的和危险的误导，恢复性司法尽管可能更少地求诸政府，但是会更多地利用公共资源。[1]

（三）本土化的障碍

国内学者在肯定和赞赏恢复性司法之后，呼吁恢复性司法的国内化，即本土化。恢复性司法引入后，其是否与本土资源相适应，能否发挥其最大的效用，尚存可争议之处：

1. 我国刑法罪名的量的规定性

亦即我国只是把少数严重危害社会的行为界定为犯罪，而把大多数非严重危害社会的行为界定为一般违法行为。同样的行为在国外能构成轻罪或违警罪，在我国往往没有达到犯罪所要求的严重程度，而是作为一般违法行为予以治安管理处罚或者其他一般违法制裁措施。这一与国外不一样的规定，使得我国的刑事罪名在适用恢复性司法时缺乏弹性。这就要求我国在引入恢复性司法的过程中，应当相较于国外有更为明确和较为广泛的限制和约束。

2. 社区环境的不成熟

恢复性司法中社区要发挥重要作用，缺乏相应的社会环境会

---

〔1〕［英］格里·约翰斯通：《恢复性司法：理念、价值与争议》，郝方昉译，中国人民公安大学出版社2011年版，第32页。

使恢复性司法的效果大打折扣。在我国当前社会环境之下，人口流动性较大，社区观念和意识尚未良好确立，社区成员异质化倾向明显（即成员的社会地位、经济状况、受教育情况等都呈现很大的差异），这都给恢复性司法的实施和有效运行造成了限制。有学者指出这种担忧过于悲观，然而其给出的理由却显得比较单薄。[1]我国的社区环境不成熟这是事实，其在恢复性司法中所产生的影响或作用，不能不经过论证或试验之后才能得出较为稳妥的结论。

3. “报应观念”的广泛存在

学者大多指出我国社会有着无讼和和解的社会基础，但是不能忽视在中国社会“报应观念”依然广泛存在。目前我国社会快速发展，社会问题层出不穷，社会矛盾日益凸显，贫富差距不断扩大，社会民众心理存在种种不满和抱怨，报应观念获得了广泛存在的社会环境基础和民众心理基础。而恢复性司法正是要以恢复性正义替代报应性正义，在我国当下环境之下，其引入实施务必谨慎，以防造成过多不良的社会效果，引发社会负面情绪的激发和波动。报应观念作为一种观念性因素，短期内不可能彻底根除，在恢复性司法的本土化过程中对该种障碍不能不予以重视。

4. 民众和社会整体法律素养尚显不足，负面效果或难以预料

我国民众对刑事司法还是存在着很明显和强劲的依赖心理，民从认为司法对犯罪的惩处是社会问题处理的最后一道防线。民众和社会整体的法律素养是有所不足的，在此环境之下引入恢复性司法，民众可接受力有限，短期内的抵触和不信任情绪难以消除。此外，中国社会环境复杂，社会状况有着很明显的中华民族特色，如关系网的广泛存在和影响等，这些都会使得恢复性司法的操作过程存在扭曲和变异的风险，在相应的监管环境未予建立的情形下，暗箱操作、关系操作、腐败性操作风险存在的可能性

---

〔1〕 吴建新：“恢复性司法中国化的困惑与思考”，载王平主编：《恢复性司法论坛（2007年卷）》，中国检察出版社2007年版，第84—85页。

较大。对此种因素的不完全考虑造成的负面效果可能是难以预料的。

除以上笔者所列的恢复性司法存在的种种可质疑之处外，学者亦有从其他不同角度进行的分析阐释，比较有代表性和具有说服力的是格里·约翰斯通所指出的恢复性司法存在的一些危险：弱势群体更加被削弱的风险、对犯罪嫌疑人或被告人的权利关注不足（与恢复性司法倡导者所认为的恢复性司法关注犯罪人权利不同）、有扩大惩罚面之嫌等种种风险。[1]这些学者的概括和观点亦应引起我国学者的重视和研究。

三、恢复性司法在我国

恢复性司法虽然存有种种可质疑之处，然而恢复性司法是善良的，它强调理解、宽恕、羞耻、仁爱，是温馨的，强调心灵的沟通，有浓浓的人文关怀。[2]它为我们提供了一种解决和应对犯罪问题的新路径、新思路。并且在我国学者的力推之下，我国现行立法亦有所体现，但是其存在的风险及障碍亦不能忽视，在我国引入恢复性司法时应当采有限引入的态度。

（一）我国现行的法律规定

在国内学者的力推之下，我国现行立法或修正案对恢复性司法亦有所体现。但是我国传统的刑事司法中存在的和解与现今世界上流行的恢复性司法还是存在明显的差异的。

1. 我国自诉案件的调解/和解

根据我国《刑事诉讼法》第170条和172条的规定，我国针对告诉才处理和被害人有证据证明的轻微刑事案件两种自诉案件，人民法院可以进行调解，而当事人之间也可以自行和解。这

〔1〕［英］格里·约翰斯通：《恢复性司法：理念、价值与争议》，郝方昉译，中国人民公安大学出版社2011年版，第37—42页。

〔2〕王平："卷首语：第三只眼睛看刑事司法"，载王平主编：《恢复性司法论坛（2005年卷）》，群众出版社2005年版，第7页。

便是我国自诉案件调解/和解的相关规定。[1]然而此种调解或者和解，要么是在法官的主持下；要么是由当事人自己和解，此种方式与被害人—犯罪人和解模式有类似之处，但是，关于中间人、和解程序及内容与恢复性司法模式还是存在很大差异的。

2. 我国刑法修正案（八）的社区矫正

我国的刑法修正案（八）第2、11、17条分别针对判处管制、缓刑以及宣告假释的犯罪人规定依法实行社区矫正。根据新西兰司法部的观点，恢复性司法可以在定罪前阶段、定罪后判决前阶段实行，也可以在判决后阶段实行。[2]我国现行刑事立法采此模式。然而，关于社区矫正的具体内容，与恢复性司法还是存在着具体的差异的。

（二）恢复性司法的有限引入

恢复性司法有着自身的特殊性和优越性，正是基于其所具有的人文关怀以及社会关系修复性的优点，在世界范围内俨然成为一种潮流，然而在其本土化的过程中不得不考虑我国所具有的本土资源及其特点，以及恢复性司法本身所具有的风险性因素，因此，笔者建议，我国在引入恢复性司法时，应当采取有限引入的态度和方式：

1. 注重在定刑后的社区矫正，限制适用范围

我国可以算是传统的大陆法模式，成文法是其基本特点，成文法所要求和具有的基本原则和观念，深入人心，是一种传统。所以在恢复性司法的引入过程中，应当采谨慎态度，在不与成文法传统相明显和激烈冲突的前提下引入，即应当注重在定刑后的社区矫正。也就是我国现行刑事立法所采取的方式，在定罪判刑以后对部分犯罪人采取社区矫正方式。但是基于我国的社区矫正

---

〔1〕 参见纪丙学："刑事和解的价值与制度构建"，载王平主编：《恢复性司法论坛（2007年卷）》，中国检察出版社2007年版，第110—111页。此外，本文中，作者还对我国现行司法实践中关于公诉案件的和解的做法存在的弊端作出了总结。

〔2〕 参见新西兰司法部："新西兰恢复性司法概况"，刘方权译，载王平主编：《恢复性司法论坛（2006年卷）》，群众出版社2006年版，第254页。

其内容与恢复性司法还存在种种差异，故此建议，应当以恢复性司法中的社区矫正模式所具有的具体内容，对我国现行的社区矫正进行改造，以使其在适应我国社会传统和社区环境的前提下，发挥出恢复性司法所具有的效果。

另外，还应当限制恢复性司法的适用范围，笔者认为在现阶段，应在判处管制、缓刑以及宣告假释三种情形下适用改造后具有恢复性司法特色的社区矫正模式予以矫正。

2. 对青少年犯罪灵活适用

我国刑法一直注重对青少年犯罪人的特殊预防，以感化教育为主，刑罚惩处为辅，以使其更好地融入社会，进行此后的生活，降低再犯的可能性。而恢复性司法模式则具有这方面的优势，实际上在世界范围流行的恢复性司法模式，往往源于对青少年犯罪的特殊考量，也往往更广泛地适用于青少年犯罪。基于青少年犯罪人自身所具有的社会危害性不大、可改造性强等特点，在针对青少年犯罪时可以在不违反成文法传统的前提下，灵活适用恢复性司法模式，采取被害人—犯罪人和解、家庭小组会议等模式，使青少年犯罪人真正认识到其行为所具有的社会危害性，以及对被害人及其家人的伤害，还包括对自己父母、亲友的伤害，对其感化教育，修复被损的社会关系。

四、结 语

恢复性司法有着关注被害人受损利益的恢复，关注被损社会关系的修复，关注犯罪人更好融入社区、回归社会的特点，具有广泛参与、手段多样、措施灵活等优点，也是基于对传统刑事司法模式的反思，恢复性司法在世界范围内成为一种潮流。然而，考虑到恢复性司法理念与刑法基本原则所具有的冲突，恢复性司法运行所投入的各种成本：恢复性司法程序立法成本、会面成本、调解机构的建立和调解人员培训成本、执行成本、外部监督成本等等，以及我国现存环境所具有的种种引入障碍：罪名的量的规定性、社区环境的不成熟、报应观念的广泛存在以及民众和社会整体法律素养不够，还包括更加削弱弱势群体风险、对犯罪嫌疑人或被告人的权利关注不足、惩罚面扩大风险等危险因素，因此，我们在承认恢复性司法所具有的种种优势的同时，也应当明确其所具有的风险、缺陷，以及在我国本土化中所具有的障碍，故此，我们在恢复性司法的引入过程中应当谨慎，采有限引入的方式，注重定刑后的社区矫正，限制适用范围，对青少年犯罪采更为灵活的适用方式。